Lf^{136}_{23}

DE LA DÉMOCRATIE

DANS

LA MONARCHIE CONSTITUTIONNELLE.

IMPRIMERIE DE FIRMIN DIDOT,
RUE JACOB, N° 24.

DE

LA DÉMOCRATIE

DANS

LA MONARCHIE CONSTITUTIONNELLE,

OU

ESSAI SUR L'ORGANISATION MUNICIPALE
ET DÉPARTEMENTALE,

ET SUR LA FORMATION DES NOTABILITÉS POLITIQUES
EN FRANCE.

PAR M. JOSEPH AUBERNON,

Ex-Préfet.

PARIS.

CHEZ PONTHIEU ET Cie, LIBRAIRES, PALAIS-ROYAL,
— SAUTELET, PLACE DE LA BOURSE.

Mars 1828.

AVANT-PROPOS.

———

Dans les premiers jours de l'année 1827, nous avons appelé l'attention publique sur la situation subordonnée de la France par rapport aux principales puissances de l'Europe, et montré les dangers d'une dépendance qui tient à la nature des traités que les événements nous ont obligés de souscrire, à la faiblesse et à la désunion du pays, et surtout à un mauvais système de gouvernement intérieur.

« La France, disions-nous alors, possède
« des ressources immenses dans sa position
« géographique, ses richesses, l'esprit éclairé
« et l'énergie de ses habitants, et dans ses lois
« constitutionnelles. Il ne s'agit que de savoir
« les mettre en œuvre, et de confier cette
« grande mission à un ministère prévoyant,
« habile, national, capable enfin d'allier la
« sûreté du trône et les libertés publiques,

« en s'affranchissant de tout esprit de fac-
« tion.

« Repousser du sein de l'état tout ce qui
« donne prise aux influences étrangères;
« rétablir la liberté de la presse; réveiller le
« patriotisme des citoyens; calmer et réunir
« les partis en tournant leur attention vers
« l'ennemi qui les menace tous; honorer
« la religion en isolant ses ministres des
« affaires mondaines et politiques; confier
« l'éducation de la jeunesse à un système et
« à des hommes qui lui enseignent à aimer
« et à respecter nos lois constitutionnelles;
« ranimer la confiance et le dévouement par
« une justice impartiale; préparer le crédit,
« par de grandes économies, à subvenir fa-
« cilement aux emprunts nécessaires à la
« guerre; *augmenter le nombre des Fran-*
« *çais liés politiquement aux destinées de*
« *l'état par une meilleure organisation des*
« *communes* et des gardes nationales; con-
« stituer nos moyens de défense et d'attaque
« d'une manière proportionnée aux forces
« de nos voisins et aux besoins de notre po-
« sition territoriale; établir à cet effet, sans
« augmenter les dépenses du trésor, une

« armée de réserve exercée qui double l'ef-
« fectif de l'armée active au premier signal
« du danger : telles seraient les principales
« mesures à prendre pour rendre le gouver-
« nement puissant et respecté, et la nation
« unie et indépendante.

« La France, par ce système d'ordre, de
« prévoyance et de justice, ne manquerait
« pas de sortir promptement de la tutelle
« dangereuse à laquelle elle se confie im-
« prudemment, et de prendre au dehors une
« attitude respectable. Elle pourrait alors,
« selon ses convenances, ou s'allier avec la
« Grande-Bretagne pour combattre les maxi-
« mes et la suprématie continentale de la
« Sainte-Alliance et de la Russie; ou former,
« avec d'autres puissances, une ligue contre
« l'Angleterre, si cette dominatrice des mers
« veut abuser de sa suprématie maritime
« pour nous soumettre à un autre genre de
« domination et de despotisme; ou, ce qui
« nous paraîtrait encore plus sage, garder
« une neutralité imposante entre les deux
« suprématies rivales, s'élever au rang d'une
« domination intermédiaire indispensable à
« l'équilibre de l'Europe, et attendre avec

« calme et dignité, en offrant un centre de
« ralliement à tous les états opprimés, le
« moment de se prononcer, soit pour faire
« respecter la paix, soit pour tirer le meilleur
« parti de la guerre (1). »

Depuis cette époque, la direction qu'ont
prise les affaires extérieures a rendu nos vœux
plus impérieux que jamais. La lutte diplo-
matique de l'Angleterre et de la Russie, au
sujet de l'Orient, est sur le point de se changer en guerre ouverte. De laquelle des deux
puissances serons-nous les imprudents auxi-
liaires? D'aucune, si nous nous occupons
avec célérité et avec franchise d'établir,
d'une manière stable, toutes les parties de
notre gouvernement intérieur.

L'organisation communale et départementale est un des objets les plus essentiels à
régler. Le gouvernement ne peut redonner
de la force et de l'influence à l'administration, affaiblie par le rôle odieux que lui a
fait jouer le dernier ministère, qu'en pré-

---

(1) Page 186. — Considérations historiques et politiques sur
la Russie, l'Autriche, la Prusse, l'Angleterre et la France.
3ᵉ édition. Chez Ponthieu, au Palais-Royal.

sentant promptement un projet de loi capable de satisfaire l'attente de l'opinion et les besoins publics. Sans cette loi, nos institutions constitutionnelles ne s'appuient sur aucune base solide; elles peuvent nous être ravies à chaque instant, ou par l'aveuglement des factions, ou par l'astuce et l'égoïsme du pouvoir absolu.

Nous avons pensé, au moment où les Chambres vont commencer leurs travaux, qu'il était à propos d'ouvrir une discussion publique sur cette importante question, et de montrer l'absolue nécessité de compléter notre système électoral en faisant intervenir les citoyens dans la nomination de leurs officiers municipaux et départementaux. Ce point seul accordé, ce principe vital mis en action, le temps et l'expérience feraient le reste. Dans une question si compliquée, si étendue, on ne fera jamais le bien si on veut le faire tout à la fois.

Nous terminions cet avant-propos quand a paru dans les journaux le rapport du ministre de l'intérieur, à la suite duquel a été nommée une commission de douze pairs, députés ou conseillers d'état, chargée de préparer un projet de loi sur l'organisation communale et départementale.

« Plusieurs projets, dit le ministre, ont « été rédigés......... les matériaux réunis au « ministère sont nombreux........,. Il est né-« cessaire de les coordonner et d'en extraire « une législation qui s'accorde avec nos « institutions, avec les habitudes et les be-« soins réels du pays, auxquels il est juste « de satisfaire. »

Rien de plus sage que de venir ainsi au-devant de l'attente publique, et de montrer l'intention d'exaucer un des vœux les plus pressants de l'opinion. Nous ne pouvons cependant nous empêcher de remarquer une contradiction évidente entre la conception de cette mesure et ses moyens d'exécu-tion.

Les noms des membres de la commission sont fort honorables sans doute, et promet-tent la réunion de beaucoup d'expérience, de sagesse et de lumières ; mais tous ne rappellent pas des principes politiques favo-rables aux libertés des communes et aux droits des citoyens, et le public a lieu de craindre que la majorité de la commission ne soit pas disposée à remplir le but libéral du ministre.

Le ministre a senti la nécessité, pour le bien du gouvernement et du pays, de rédiger une bonne loi municipale, et il en confie la première rédaction à des hommes d'état qui, la plupart, sont connus par leur prédilection pour le pouvoir absolu ou ~~tout à la fois~~ leurs penchants aristocratiques! C'est vouloir et ne pas vouloir le bien qu'on recherche.

M. de Barante, pair de France, ancien préfet, a publié, en 1821, sur *les Communes et l'Aristocratie*, un livre rempli de vues utiles; M. Henrion de Pansey, président de la Cour de cassation, conseiller d'état, a écrit, en 1824, sur *le Pouvoir municipal*, un ouvrage également remarquable. En n'appelant pas ces deux hommes éclairés au nombre des membres de la commission, ne semble-t-on pas annoncer que l'on redoute de voir triompher leurs principes, c'est-à-dire de voir rédiger le projet de loi?

Une réflexion nous afflige : le nouveau ministère semble craindre de renoncer complètement au système funeste de gouverne-

ment que l'opinion publique vient de ré-
prouver. Pourrait-il s'obstiner à croire encore à la possibilité de tromper pour gouverner, de recommencer ce système d'astuce
et d'hypocrisie qui a lassé la patience publique et causé la chute de la dernière administration et de tant d'autres pouvoirs?

....Mais la France a maintenant acquis trop
d'expérience pour se laisser encore leurrer
par de vaines promesses. Elle demande
avec autant de fermeté que de calme au
gouvernement des faits et des actes, de la
sincérité et de la bonne foi, de la raison et
de la justice. C'est un système nouveau, le
seul qui n'ait pas été mis encore en pratique,
et dont les ministres sentiront le besoin de
faire franchement l'essai, s'ils veulent acquérir de la considération, de la stabilité, de
la puissance, et même de la gloire.

DE LA DÉMOCRATIE

DANS

LA MONARCHIE CONSTITUTIONNELLE.

CHAPITRE PREMIER.

But de l'ouvrage.

Les états agissent les uns sur les autres comme les individus : si leur constitution intérieure est saine, forte, bien réglée, ils prennent au dehors une attitude libre et imposante; s'ils se débattent dans le malaise, le trouble et les divisions intestines, ils demeurent exposés, sans prévoyance ni résolution, aux influences les plus fatales, aux alliances les plus nuisibles, à l'indifférence, au mépris ou à l'ambition de leurs voisins.

Les nations n'ont entre elles d'autres arbitres que la Providence divine et les forces humaines. C'est par leurs gouvernements qu'elles sont en rapport l'une avec l'autre. La première condition de l'existence et de la prospérité d'une so-

ciété, est l'établissement d'un gouvernement doué
de stabilité, de prévoyance et de vigueur. C'est
une nécessité pour la France encore plus que
pour toute autre contrée, à cause de sa position
territoriale, de l'affaiblissement que sa puissance
a éprouvé, et de l'ambition active de ses rivaux.

Mais ce n'est pas au moyen seulement de nom-
breuses armées et d'un trésor considérable que
notre gouvernement peut, au temps actuel, acquérir de la stabilité et de la force; il lui faut
encore des principes et une direction en harmo-
nie avec l'esprit et les besoins du pays, de telle
sorte qu'il soit le faisceau de toutes les forces et
le foyer de toutes les lumières partielles. Il ne
faut pas seulement qu'il exécute avec sincérité et
bonne foi la Charte constitutionnelle qui a prescrit ses formes, mais qu'il s'établisse sur la base
réelle des véritables éléments politiques que
renferme le pays; car les gouvernements doivent leur vie et leur vigueur bien moins à
quelques formes écrites dans les chartes qu'aux
hommes et aux choses dont ils représentent l'action et le mouvement.

Il nous semble que ces éléments politiques
ont été jusqu'à présent non-seulement mécon-
nus par le gouvernement, mais repoussés de son
sein. On s'est effrayé de la société telle que le
temps l'a faite, on n'a vu dans cette société

qu'une démocratie incompatible avec la monarchie. La royauté a été considérée comme en péril, et, sous le prétexte de la maintenir et de la défendre, on a déclaré la guerre à la société nouvelle; au lieu d'en utiliser les forces, on s'est appliqué à les bouleverser et à y substituer des éléments contraires; on a cherché à rétablir l'ancienne société, un clergé et une noblesse privilégiés, l'inégalité des droits, les distinctions des classes; on a tenté enfin une véritable révolution.

Cet écrit a pour but de montrer le danger d'une direction politique qui prend la société à rebours, et la soulève, malgré elle, contre le gouvernement auquel elle devrait obéir et prêter main-forte; la nécessité de reconnaître la démocratie en France comme un fait immuable dont il faut tenir compte dans la constitution de l'état; et les moyens de rendre cette démocratie même le principal appui de la monarchie, en faisant sortir de son sein les éléments d'ordre et de puissance qu'elle renferme, et qu'elle offre à ceux qui voudront gouverner avec franchise, selon la vérité, la raison et la justice.

Loin de nous toute récrimination contre les personnes et les partis; l'aveuglement doit inspirer plus de pitié que de haine. Loin de nous tout dessein de réveiller des jalousies, des préventions, des dissensions fatales, entre les enfants d'une même patrie : nous voudrions, au contraire, apaiser les discordes, effacer les mauvais souvenirs, concilier tous les esprits, et enseigner aux hommes, jusqu'à présent d'opinion opposée, combien d'intérêts généraux les unissent et les rapprochent, et combien, dans des institutions qui leur semblent ennemies, ils pourraient trouver de moyens de s'accorder et d'assurer leur bien-être mutuel.

Voulons-nous conjurer des révolutions nouvelles, rendre notre pays prospère et calme au dedans, et respecté au dehors, donner à notre gouvernement toute la force et la stabilité désirables ? mettons la mauvaise foi, l'erreur et l'égoïsme des partis dans l'impuissance de nuire; entrons franchement dans le régime légal; établissons notre gouvernement sur les principes et les éléments qui lui sont propres; organisons la démocratie à l'usage de la monarchie; et, renonçant à de vains projets de retour vers un régime qui n'est plus, opérons l'heureuse alliance de la royauté et de la démocratie dans la monarchie constitutionnelle : c'est l'unique et le plus sûr moyen d'assurer à cette monarchie de nouveaux siècles de durée et une gloire bienfaisante et populaire.

CHAPITRE II.

Coup d'œil rapide sur la monarchie de l'ancien régime et sur
la formation de la démocratie.

———

L'état des mœurs et des lumières, du territoire et de la propriété, varie principalement les
formes des gouvernements. Rome, grande ville
agricole, dominant seulement l'Italie, eut un gouvernement municipal républicain ; Rome, con-
quérante du monde, devint une monarchie despotique militaire. Les Francs, habitants libres et
belliqueux de la Germanie, avaient des chefs
électifs et des assemblées d'hommes libres ; ces
guerriers errants, devenus possesseurs des terres
de la Gaule vaincue, se classèrent, s'élevèrent et
s'abaissèrent, selon l'importance de leurs do-
maines, et formèrent, sous la faible autorité
suzeraine d'un roi, la hiérarchie féodale pour
les forts et l'esclavage pour les faibles.

Au commencement du onzième siècle se ma-
nifestèrent, dans le sein même de la féodalité,
de nouvelles forces politiques. Il y avait alors

deux opprimés, le Roi et le peuple. Le peuple, las de la servitude, poussé au désespoir par la misère, forma dans l'enceinte des villes, où les masses pouvaient s'entendre et se réunir, des foyers de résistance et de soulèvement contre la tyrannie des seigneurs féodaux. La royauté suzeraine fut obligée de connaître de ces révoltes, comme d'attentat à la constitution féodale : mais y trouvant elle-même des moyens de sortir d'oppression et d'étendre son pouvoir, elle les protégea et les sanctionna, au lieu de les réprimer. On vit poindre alors la souveraineté de nos rois en même temps que les libertés du peuple, les prérogatives de la couronne s'élever à côté des franchises des communes, et la royauté moderne sortir, avec la démocratie, du même berceau.

Les rois, impatients de modifier, au profit de leur pouvoir, la constitution féodale, d'abaisser les grands feudataires, alors presque aussi rois qu'eux-mêmes, de se donner des sujets immédiats à la place de vassaux insubordonnés, favorisèrent, par instinct plus que par système, la révolte des communes et l'introduction des changements. Ils crurent d'abord ne faire que constituer, par les chartes des communes, un nouvel ordre de seigneurs féodaux plus directement soumis à leur puissance ; mais, comme ils accor-

daient à ces communes le droit de régler leur
gouvernement intérieur, d'élire leurs chefs , de
rendre la justice , de lever des impôts, et d'en-
tretenir des hommes de guerre, ils introduisirent
en réalité dans l'état une foule de petites républiques d'où devaient sortir plus tard des mœurs
et une société nouvelles.

L'influence de ces éléments nouveaux produi-
sit bientôt ses effets. Les parlements des hauts
barons, qui dans le droit féodal faisaient les lois
et délibéraient sur les grandes affaires, furent
insensiblement remplacés par les états-généraux
du royaume, par les trois ordres du clergé, de
la noblesse et des communes. Lorsqu'au lieu des
services féodaux personnels, on eut besoin de
recourir à des subsides en argent, il fallut bien
demander le consentement des vassaux comme
celui des grands feudataires, et modifier de con-
cert la constitution féodale. Une forme de gouvernement nouvelle chercha ainsi à se constituer
dans le sein et au milieu des débris de la féodalité,
tenant à la féodalité expirante par les droits et
les priviléges des deux premiers ordres, et à un
système politique naissant par la démocratie des
communes , désignées depuis sous le nom de
tiers-état.

Si cet ordre de gouvernement avait pu s'asseoir
sur des principes fixes, il aurait fondé une mo-

narchie modérée dont la durée aurait été longue et prospère. Mais ses divers éléments étaient en guerre. Le clergé et la noblesse, jaloux de leurs priviléges, haïssaient le tiers-état ; le tiers-état, de son côté, nourrissait contre les deux premiers ordres une défiance malheureusement trop fondée : de là cet aveuglement qui poussa le tiers-état jusqu'à compromettre ses libertés en croyant les défendre, et à subir le joug arbitraire d'un seul maître dans la crainte de retomber sous la tyrannie de plusieurs ; de là cette longue et sanglante lutte entre l'esprit de privilége et l'esprit d'égalité, lutte qui a dominé pendant cinq siècles toute notre histoire, et qui, bien qu'affaiblie, semble vouloir se renouveler encore.

La royauté, guidée par l'égoïsme plus que par la sagesse, ne vit dans ce débat qu'une occasion de s'accroître aux dépens des autres pouvoirs. Se servant des états-généraux pour détruire le gouvernement féodal, des communes pour diminuer l'influence du clergé et de la noblesse, des gentilshommes et des prêtres pour réprimer les progrès des communes, elle évita d'organiser en corps politiques réguliers l'ancienne aristocratie et la démocratie nouvelle, et ne s'attacha, au milieu de la confusion de tous les droits, qu'à l'établissement progressif de la monarchie absolue.

Ainsi les anciennes institutions s'affaiblirent
et disparurent, et la royauté resta la seule insti-
tution politique, réelle et puissante de l'état ; et
comme la royauté c'était le roi, on vit bientôt les
lois, le gouvernement et les destinées du royaume,
dépendre presque uniquement du caractère et
de l'existence d'un seul homme, et la mort de
chaque roi mettre en problème la paix publique,
la politique et l'indépendance du pays. Lors de
l'avénement des Valois, des guerres du roi Jean,
de la folie de Charles VI, des réformes religieuses,
des minorités de Louis XIII et de Louis XIV, il
y eut, tantôt de la part des grands, tantôt de la
part des peuples, des tentatives vagues pour obtenir de la royauté quelques garanties politiques ;
mais Charles V, Charles VII, Louis XI, François Ier,
Henri IV, Richelieu et Louis XIV éludèrent ces
vœux, poursuivirent l'entreprise, et ce dernier
monarque y mit la dernière main.

Quand un pouvoir a triomphé de pouvoirs
rivaux, sa prévoyance tend à détruire jusqu'au
germe des forces qui lui ont fait obstacle. Louis XIV
remplaça donc les états-généraux par la cour, les
grands vassaux par les grandes charges, les états
provinciaux par les intendants, les magistratures
électives des communes par des magistratures
vénales, les lois par le bon plaisir royal. Le
clergé, la noblesse, le tiers-état, les parlements,

ne furent plus que de vains noms ; il n'y eut plus que le monarque et des sujets, la royauté et des individus, distingués encore par des rangs et des titres, mais nivelés et confondus dans la même nullité politique.

La royauté, tout en n'agissant que pour elle, avait pourtant plusieurs fois sauvé l'état ; elle avait repoussé l'invasion des étrangers, conservé en un seul corps de nation la France féodale, empêché cette France de tomber par lambeaux au pouvoir des états voisins ; elle avait surtout affranchi le peuple du joug des seigneurs, et lui avait ouvert la carrière de la liberté et de l'industrie. Le peuple n'ayant trouvé d'appui qu'en elle, ne s'étant vu, au dedans et au dehors, défendu que par elle, lui avait voué une confiance qui allait jusqu'au culte ; et de ce sentiment profond s'était formée dans les mœurs publiques *la religion du roi*, cette foi presque sans limite dans la royauté. La religion du roi fut encore l'appui du trône long-temps après que la royauté se fut rendue absolue. Mais, lorsque après le temps des services arriva celui des abus ; lorsque la monarchie absolue eut renversé toutes les barrières, toutes les garanties, tous les pouvoirs ; lorsque le peuple eut à redouter les courtisans au lieu des seigneurs, et, qu'à peine échappé aux serres de la féodalité, il se vit en proie à toutes les rigueurs d'une administration despotique, il se fit une révolution progressive dans les idées et dans les sentiments, et toutes les forces qui avaient servi à l'établissement de la monarchie absolue se tournèrent contre elle.

La monarchie absolue aurait pu peut-être combattre ces dispositions nouvelles, si elle avait su composer la cour de telle sorte que cette cour fût devenue le centre de tout ce qui eût été illustre, puissant, éclairé et habile dans le royaume. L'aristocratie de cour aurait pu alors lui tenir lieu pendant quelque temps des anciens corps politiques, conserver les maximes de l'état, acquérir la considération du peuple, et produire des hommes graves et instruits, capables de faire tolérer et respecter le gouvernement absolu. Mais que pouvait-elle attendre d'une cour livrée à l'intrigue, à la frivolité et à la corruption; où les hommes d'état sortaient des boudoirs des maîtresses du prince, et où la faveur, l'indolence et les plaisirs tenaient la place de la sagesse, de la prévoyance et de la politique?

Aussi la monarchie absolue, privée, par sa propre ambition, de l'appui de toutes les institutions nationales, ne trouva-t-elle dans cette cour, qui jouissait de tous les bénéfices de l'arbitraire et qui décidait avec légèreté et ignorance de toutes les affaires du pays, qu'une fausse assistance et un continuel obstacle au bien public. La cour s'opposa toujours à toutes les mesures que le salut de la monarchie demandait, parce qu'aucune amélioration ne pouvait s'introduire sans abolir quelques-uns des abus sur lesquels la splendeur des courtisans était fondée. Les Turgot, les Malesherbes, les Necker, succombèrent ainsi dans tous leurs utiles projets de réforme; leurs sages et prévoyants efforts furent vaincus par l'égoïsme et la corruption de la cour; et Louis XVI lui-même, voyant sa prudence tournée en ridicule par les courtisans qui l'entouraient, se crut obligé, pour leur complaire, de renoncer au bien du royaume, de leur donner pour ministres les Maurepas et les Calonne, des complaisants de leurs caprices, et de se laisser ainsi entraîner par eux à la ruine de l'état et à sa propre perte.

L'établissement de la monarchie absolue eut pour conséquence grave le développement de l'esprit d'égalité dans les mœurs. Cet esprit d'égalité, apporté par nos ancêtres des forêts de la Germanie, s'était conservé dans la nation malgré les institutions féodales; et la monarchie absolue, en passant un niveau despotique sur tous les droits politiques, contribua merveilleusement à en accélérer la propagation et les effets. La pairie,

ce vain fantôme de l'ancienne suprématie féodale, avait été mise à la suite du parlement de
Paris, pour ne plus servir que de cortége aux
violences des lits de justice; les trois ordres n'é-
taient plus assemblés en états-généraux depuis
1614, et, s'ils étaient réunis encore dans quelques états provinciaux, c'était bien plus pour
recevoir des injonctions de l'autorité que pour
délibérer librement; la noblesse et le clergé,
dépouillés de leurs droits politiques utiles, ne
conservaient que des priviléges nuisibles et
odieux; les communes, placées sous l'autorité
des intendants et de magistrats vénaux, ne jouissaient plus d'aucune de leurs franchises; enfin,
les parlements n'avaient obtenu qu'une influence
politique apparente, que les lits de justice, les
exils et les réformes judiciaires réduisaient au
néant. Il n'y eut donc plus, comme nous l'avons
déja dit, que la royauté d'un côté, et des individus de l'autre; et force fut aux individus, bannis de la sphère du gouvernement et de la hiérarchie des pouvoirs, de se réfugier dans cet
esprit d'égalité qui trouvait son application immédiate dans les douceurs de la vie privée.

La royauté, la cour, la noblesse, le clergé et
tous les corps privilégiés favorisèrent eux-mêmes,
sans le savoir, cette révolution sociale, et propa-
gèrent l'esprit d'égalité en France. Ce n'est pas

seulement au sein de la démocratie des communes que cet esprit avait pris naissance ; il avait germé en même temps dans les deux premiers ordres. Le clergé n'était-il pas une sorte de république, où la naissance et les titres descendaient au niveau de la roture, et où des paysans et des bourgeois avaient pu s'élever, non-seulement aux plus hautes dignités de l'église, mais encore aux plus éminents emplois de l'état ? La noblesse dans son essence ne renfermait-elle pas ce principe d'égalité dans sa plus grande vigueur, et tous nos documents historiques n'attestent-ils pas que chez nous, comme en Pologne, elle n'était réellement qu'une démocratie privilégiée ?

« Il faut avouer, dit M. de Ségur, que depuis « long-temps cet esprit d'égalité, avant de s'é- « tendre jusqu'au tiers-état, avait jeté de pro- « fondes racines dans la noblesse française. La « hiérarchie féodale était oubliée. On avait en- « tendu Henri IV dire qu'il regardait comme son « plus beau titre d'honneur *d'être le premier gen- « tilhomme français.* Les pairs avaient bien seuls « le droit de séance au parlement et les honneurs « du Louvre ; les duchesses jouissaient de la pré- « rogative d'être assises sur un tabouret chez la « reine ; mais, hors ces deux circonstances très- « rares, les nobles se croyaient tous parfaitement

« égaux entre eux...... La liberté nous plaisait
« par son courage; l'égalité, par sa commodité......
« Le vieil édifice social était totalement miné dans
« ses bases profondes, sans qu'à la superficie au-
« cun symptôme frappant annonçât sa chute pro-
« chaine ; le changement des mœurs était in-
« aperçu, parce qu'il était graduel ; l'étiquette
« était la même à la cour : on y voyait le même
« trône, les mêmes noms, les mêmes distinctions
« de rang, les mêmes formes...... Les institutions
« étaient monarchiques, et les mœurs républi-
« caines...... Les mots *liberté, prospérité, égalité,*
« furent prononcés : ces paroles magiques reten-
« tirent au loin, et furent d'abord répétées avec
« enthousiasme par ceux-là même qui, dans la
« suite, leur attribuèrent toutes leurs infor-
« tunes. »

D'autres causes puissantes développèrent ces
changements; ce furent les progrès des lumières
et de la civilisation. Le goût des lettres, des
sciences, des beaux-arts et de la philosophie,
qui, pendant le dix-huitième siècle, avait pé-
nétré dans toutes les classes, acheva de répandre
partout l'esprit d'égalité. Les hommes de mérite
et de talent ne reconnurent plus de barrières ; ils
furent admis à la cour et dans les sociétés les
plus distinguées : il y eut mieux, les grands seigneurs et les courtisans recherchèrent les socié-

tés et les encouragements des roturiers, hommes d'esprit ou de science. « Les titres littéraires, dit « le même écrivain gentilhomme, avaient même « en beaucoup d'occasions la préférence sur les « titres de noblesse. » Les rois voulurent avoir pour amis et pour familiers des savants et des philosophes. A l'usage de se classer selon la fortune et la naissance, succéda insensiblement l'habitude de se classer en raison du mérite, du caractère et de l'esprit.

Personne cependant ne se rendait compte bien exactement des conséquences de cette révolution. La société avait changé de base; la démocratie subsistait partout, et le gouvernement absolu continuait à nous régir sur la foi d'anciens noms et de vieux errements. La royauté se croyait soutenue par des ordres et des parlements; la noblesse et le clergé comptaient sur leurs priviléges; le tiers-état ignorait l'étendue de son accroissement et de ses forces. Il ne fallait qu'un faible accident, qu'un événement fortuit pour dévoiler la réalité et faire connaître la situation du pays : les états-généraux de 1789 nous ont donné ce merveilleux coup de théâtre.

Après cent soixante-quinze ans d'oubli, les états-généraux, comme si rien n'avait changé depuis deux siècles, reparurent avec la distinction des ordres, la délibération par chambre et le vote isolé par ordre. La royauté fit tout ce qu'elle put pour maintenir ces formes surannées ; mais la puissance de l'esprit d'égalité était si grande, la démocratie si dominante et si active, les forces du nouvel état social si positives et si prononcées, qu'en peu de jours on vit s'opérer la plus complète des révolutions des temps modernes. Le tiers-état, l'ordre jusqu'alors le moins prépondérant, mais qui représentait la masse entière du peuple, se constitua par la seule force des choses en *assemblée nationale*. Rien ne put arrêter l'ascendant magique de ce nom. Les deux premiers ordres, malgré leurs préjugés et leurs priviléges, vinrent se confondre dans cette assemblée ; les parlements reconnurent sa mission ; la royauté fut forcée de la respecter ; trois millions de citoyens s'armèrent tout à coup pour elle ; un enthousiasme de réformes et d'améliorations éclata soudain parmi ses membres ; les Montmorency et les Barnave, les Clermont-Tonnerre et les Bailly, confondirent leurs voix éloquentes pour abolir les priviléges et établir l'égalité des droits ; et le quatrième mois des séances de cette assemblée était à peine arrivé, que déja toutes les anciennes entraves étaient abolies, toutes les distinctions de classes étaient supprimées, tous les abus de la féodalité et de la monarchie absolue étaient détruits ; l'égalité civile

2

et politique était proclamée; et il n'existait plus dans le royaume que ce que le temps y avait fait réellement, la démocratie, l'assemblée nationale et le monarque.

———

CHAPITRE III.

Tentatives faites depuis la restauration contre la démocratie et pour le rétablissement de la monarchie absolue.

———

Quarante années se sont écoulées depuis l'assemblée nationale, et tous les grands événements sont venus confirmer l'établissement du nouvel état social. La démocratie est en France la nation tout entière. C'est un fait qu'il faut reconnaître, car il est vrai, complet, indestructible; la monarchie absolue l'a fait naître; l'esprit d'égalité et les lumières l'ont développé; l'assemblée nationale en a constaté l'existence; la révolution l'a mis dans la propriété comme il était dans les mœurs; Napoléon en le respectant a élevé sa puissance, en le reniant il a causé sa propre ruine; deux fois l'Europe en armes, dans le cœur du pays, a été obligée d'avouer que la force des baïonnettes n'y pouvait rien changer, et la Charte constitutionnelle en a consacré l'impérieuse existence.

Cependant ce grand fait, que la révolution,

2.

l'empire et la restauration ont reconnu, quelques partisans de l'ancien régime et quelques ambitieux du jour ont refusé de l'admettre et essayé de le détruire. La restauration n'a pas seulement ramené sur le trône notre ancienne dynastie, elle a fait reparaître à sa suite, dans la cour, le clergé et la noblesse, divers débris de l'ancien régime; des souvenirs douloureux, des préjugés aveugles, des vanités blessées, des ambitions de fortune, et cette opinion funeste, formée dans une lutte de vingt-cinq ans, que la France, telle qu'on la retrouvait, était hostile et impossible à régir.

Une faction s'est formée de tous ces débris autour du trône, et a cherché, par ses clameurs, à faire croire à la royauté que la démocratie, c'est-à-dire l'état réel de la nation, était incompatible avec la monarchie; elle attribua aux troubles civils, à la philosophie, à la licence révolutionnaire, l'existence de la démocratie et les progrès de l'esprit de l'égalité, et considéra comme une entreprise facile, en opposant les doctrines despotiques aux républicaines, le fanatisme à la philosophie, l'ignorance même aux lumières, de rétablir la monarchie sur ses anciennes bases.

De là cette attention à diffamer tous les bienfaits de la révolution; cette exhumation affectée des maux et des excès qui s'y sont mêlés; ce vaste champ rouvert aux controverses politiques et religieuses ; ces déclamations intéressées contre la civilisation et la liberté ; ces méprises continuelles sur le véritable esprit de la nation ; cette absurde disposition à prendre pour de la révolte son attachement au régime qu'on voudrait lui ravir ; et tous ces stratagèmes inventés pour faire prendre le change aux esprits sur le véritable état de la question, pour effrayer les hommes paisibles du retour prochain des révolutions passées, pour calomnier toutes les intentions généreuses et toutes les vérités utiles, et pour opérer, à l'aide de cette fausse terreur, une révolution véritable dans l'ordre social et dans les lois.

L'entreprise était hardie et téméraire ; l'histoire des treize ans écoulés n'est que celle des tentatives faites pour l'accomplir.

Le début aurait dû être un avertissement utile. L'an mil huit cent quatorze est encore présent à tous les souvenirs. On se rappelle avec quelle imprudence les droits de la nation furent attaqués ; *la ligne droite* et *la ligne courbe* de M. Ferrand ; vingt-cinq ans d'indépendance et de gloire traités de révolte ; nos lois et nos mœurs qualifiées d'impiété et d'athéisme ; la nation considérée comme vaincue par l'émigration, la révolution par l'ancien régime, la démocratie par la noblesse. L'histoire dira un jour comment les prétentions et

les actes de la faction ultra-royaliste mécontentèrent l'armée, irritèrent le peuple, changèrent nos dispositions confiantes en inquiétudes, et préparèrent le merveilleux et funeste retour de Napoléon; elle racontera comment d'incorrigibles préjugés causèrent le second exil de la famille royale, une nouvelle invasion d'étrangers, la perte de plus de trois milliards pour la France, et, ce qu'il y eut de plus fatal et d'irréparable, des flots de sang, la désunion, la faiblesse, et l'envahissement du pays.

La France, innocente des événements dont elle était victime, en fut alors accusée par ceux même qui les avaient produits. Après avoir subi les maux de la révolution des *cent jours*, il lui fallut endurer toutes les vengeances d'une faction irritée. Cette faction dont les chefs auraient dû alors comparaître sur les bancs des accusés, s'érigea en juge inexorable. Soutenue par cent cinquante mille étrangers cantonnés dans nos provinces, maîtresse de la législation et du pouvoir, elle nous fit connaître une seconde fois le régime de la terreur. Elle décima l'armée dans ses chefs, la nation dans les défenseurs de ses droits et de son indépendance; elle suspendit les libertés publiques par des lois d'exception, le cours de la justice par ses grands-prévôts; bouleversant tous les droits, tous les intérêts vivants du pays, et amenant une révolution nouvelle par ses actes contre-révolutionnaires. Les étrangers, qui tenaient pourtant à percevoir le tribut imposé à la France, s'alarmèrent de tant d'audace. Louis XVIII y mit un terme, et l'ordonnance du 5 septembre 1816 vint arracher le pouvoir des mains des factieux et laisser respirer la nation.

Mais de grands maux étaient produits, et la France était engagée dans une carrière bien périlleuse. La faction chassée du ministère n'en occupait pas moins toutes les avenues du pouvoir, ses agents n'en remplissaient pas moins une grande partie des emplois, et elle put continuer avec succès ses projets de bouleversement social. La nation le sentait, en était alarmée, et vit renaître dans son sein des partis opposés à cette réaction, non moins vifs et non moins entreprenants que la faction contre-révolutionnaire elle-même. Les ministres enfin, obligés de conduire le gouvernement entre ces deux forces contraires, ne surent de quels appuis faire choix, ni quelle direction suivre. Accusés par les uns de compromettre le salut de la monarchie, par les autres de fouler aux pieds les libertés nationales, inspirant de la défiance à tous, ils ne purent se soutenir que par des concessions contradictoires, et en penchant tantôt d'un côté, tantôt de l'autre ; d'où il résulta qu'ils furent également repoussés, par la nation quand ils voulurent avec quelque réalité consolider le gouvernement constitutionnel, et par la faction ultrà-royaliste quand ils voulurent travailler avec elle au rétablissement de l'ancien régime.

Ce qu'il faut remarquer, c'est que les oscillations du gouvernement donnèrent toujours l'avantage à la faction anti-nationale. De 1816 à 1821, depuis l'époque où, agissant sourdement sous le nom de gouvernement occulte, elle suppliait les armées étrangères de ne point évacuer notre territoire, jusqu'au moment où elle reprit l'autorité, elle ne cessa, malgré l'opposition de quelques ministres sages et bien intentionnés, de s'accroître et de se renforcer ; sa position influente, une organisation bien réglée, l'activité de ses agents, sa persévérance, suppléèrent à la faiblesse de ses ressources réelles. Elle avait besoin de puissants alliés pour contrebalancer la force du pays ; elle en chercha partout, à la cour de Rome, dans le clergé catholique, dans l'ordre habile et dominateur des jésuites, dans les aristocraties et les gouvernements étrangers. L'expérience lui conseilla d'adopter le langage qui pouvait plaire à la nation ; et, pour ressaisir le pouvoir, elle affecta de défendre les libertés dont elle projetait la ruine, de promettre l'exécution sincère et fidèle de la Charte, de renoncer en apparence à son plan de bouleversement, pour fonder la monarchie constitutionnelle.

Voici comment cette faction a tenu ses feintes promesses, ou plutôt comment elle les a éludées, en modifiant la constitution du gouvernement et l'état de la société autant qu'il a dépendu d'elle.

Non contente du privilége du double vote accordé à la grande propriété par la loi d'élection de 1820, que son influence avait obtenue, elle introduisit bientôt (1822) une nouveauté remarquable dans sa nouvelle loi sur la répression des crimes et des délits de la presse; ce fut la punition des outrages commis envers *les diverses classes de citoyens*, c'est-à-dire envers les prêtres et les nobles. « L'anarchie veille, individualise et « redoute l'esprit de corps, dit à ce sujet le rap- « porteur; le despote divise pour dominer plus « sûrement ; le gouvernement paternel du roi « cherche pour les protéger les intérêts communs « et groupe autour d'eux les individus. C'est « dans cette vue *toute monarchique* que la com- « mission a adopté cette disposition. » Et en effet, la disposition était féconde en résultats, et avec des tribunaux dociles, voilà d'un trait l'égalité civile et politique des citoyens détruite, les classes mises à la place des citoyens, les corporations et les ordres de la noblesse et du clergé en bon chemin d'être rétablis. Mais le morcellement de la propriété foncière offrait un obstacle insurmontable aux innovations aristocratiques; on tâcha donc de refaire de l'inégalité dans la propriété comme dans les personnes; on tenta, mais sans succès, grace à l'indignation générale, de rétablir le droit d'aînesse et l'inégalité des partages (1826); ce fut cependant encore un progrès que d'introduire les substitutions à côté des majorats.

Par un projet de loi sur l'organisation municipale, la faction essaya de placer les villes sous l'arbitraire des ministres, les campagnes sous la domination des anciens seigneurs (1821); mais un si grand scandale devait encore la faire échouer.

Il ne lui suffit pas que la loi sur la circonscription électorale eût bouleversé les choses en faveur du parti dominant, de telle sorte qu'en 1822 les votes ministériels, seulement au nombre de neuf mille cent vingt-sept, avaient élu cinquante-quatre députés ultras, tandis que les votes libéraux, au nombre de treize mille cinq cent cinquante-quatre, n'avaient pu élire que trente-deux députés libéraux; elle employa encore les intrigues, les menaces, les corruptions, les influences scandaleuses, pour obtenir une chambre soumise, au moyen de laquelle on fit voter, à des députés élus pour cinq ans et devant être renouvelés chaque année par cinquième, le renouvellement intégral et la durée septennale de cette même chambre (1824).

Voulant changer l'état des mœurs et des intérêts sociaux, elle s'empara du puissant levier de l'éducation et de l'instruction publique ; elle choisit un ministre de l'intérieur capable d'arrêter les progrès des lumières comme ceux de l'industrie. Déja les petits séminaires avaient été clandestinement autorisés en 1814 ; l'université fut placée sous l'autorité absolue d'un évêque (1822), qui prit bientôt place au conseil comme ministre des cultes (1824). Les prêtres catholiques eurent ainsi la haute main sur toutes les branches de l'instruction et sur tous les cultes religieux ; la grande école normale de Paris, pépinière de professeurs si distingués, fut supprimée (1822); les écoles de droit, de médecine et polytechnique furent réorganisées dans l'esprit du jour ; tous les cours publics destinés à éclairer les citoyens sur leurs droits et sur les affaires furent suspendus ; l'enseignement supérieur fut soumis à une foule de restrictions et de gênes ; l'enseignement primaire fut confié aux curés ; les écoles mutuelles furent remplacées par celles des ignorantins. L'éducation, au lieu d'être patriotique, littéraire et scientifique, devint, non pas morale et religieuse, mais fanatique et anticonstitutionnelle, et tendit à

répandre l'ignorance et les préjugés, pour dé-
pouiller sans doute plus aisément les citoyens
de leurs droits.

Les bulles du pape, par lesquelles la Charte
et nos lois fondamentales sont formellement re-
niées, furent cependant admises comme lois de
l'état (1823): la loi du sacrilége vint porter atteinte à la tolérance religieuse; les communautés
d'hommes et de femmes furent rétablies ou to-
lérées (1825). Vingt citoyens, animés du bien
public, ne purent pas causer ensemble à jour
fixe, sans être poursuivis sur-le-champ par la
police; des congrégations contraires aux lois,
la société des jésuites, bannis de France, furent
protégées et ouvertement favorisées, et prirent
un tel ascendant sur le gouvernement, qu'il fallut
leur être associé, ou du moins agréable, pour
arriver aux plus grands comme aux plus petits
emplois publics.

On n'a pas plus ménagé les finances que les
libertés et les mœurs du pays. La paix fait pros-
pérer l'industrie, mais l'industrie est indépendante du pouvoir et chérit la liberté : la faction
y mit bon ordre ; elle arrêta, par tous les moyens
possibles, les développements du commerce, les
nouveaux établissements, les nouvelles chances
de production et de consommation ; quatre cents
millions furent jetés en Espagne pour alimenter

l'anarchie et le despotisme; un milliard fut donné
en indemnité aux anciens propriétaires des do-
maines nationaux. Sait-on les dépenses occultes
qui ont été supportées par le pays? n'a-t-on pas
voulu distraire les esprits par des opérations co-
lossales, par de vastes projets financiers sur la
dette publique, des affaires politiques et des
progrès de la contre-révolution (1)?

Enfin des plaintes se sont élevées de toutes
parts contre cette entreprise; l'opinion publique s'est fait entendre; la magistrature a protesté par ses jugements contre cet esprit de
subversion; la chambre des pairs s'est opposée
au renversement des lois. Mais la faction est
restée inébranlable dans ses projets; obstinée
et aveugle, elle a repoussé l'opinion par la cen-
sure, et a tenté de l'enchaîner par l'esclavage
général de la presse (1827): elle s'est écriée,
que la magistrature en France était trop forte
pour le gouvernement (2), et a frondé les jugements rendus; elle a dédaigné les avis des pairs,
et affaibli leur puissance par une nomination
qui augmente d'un quart leur nombre; elle a
répondu aux plaintes des bons citoyens par des

---

(1) Voir dans la note A quelques rapprochements entre le
budget de 1815 et celui de 1828.

(2) M. de Bonald.

destitutions d'emplois et des dissolutions de gardes nationales ; enfin, voulant tout risquer pour
renouveler son pouvoir et pour en prolonger la
durée, elle a affronté des élections nouvelles,
dans l'espoir qu'elles lui seraient dévouées.

Mais qu'a-t-elle accompli ? quel nouvel ordre
a-t-elle substitué à celui qu'elle n'a pas voulu admettre ? Avec tant d'intrigues, de forces, de
soldats, de trésors, de police, elle n'a fait que
constater l'impuissance de ses efforts et l'impos-
sibilité de l'entreprise. Le temps et l'expérience
sont venus éclairer une partie de ses adhérents,
et il s'est opéré dans son sein une dissolution
progressive.

Dans le principe, ses adhérents les plus nombreux avaient agi de bonne foi, et cherché à
établir le gouvernement monarchique sur des
bases stables : voyant que la faction fomentait
le désordre au lieu de rétablir l'union, ils l'ont
abandonnée, pour chercher dans la Charte même
les moyens de donner des garanties au trône et
au repos public.

D'autres, satisfaits dans leurs désirs de fortune et d'ambition, voulant conserver les richesses et les emplois qu'ils se sont acquis, ont
aperçu le danger qu'il y avait à inquiéter une
nation puissante dans la paisible jouissance de
ses droits.

La noblesse avait pu penser que les changements projetés lui auraient rendu une existence
politique dans l'état et la direction exclusive
des affaires; mais elle a vu, non sans désappoin-
tement, qu'elle n'avait rien fondé pour elle-
même, et qu'elle était la dupe des prêtres.

. La partie du clergé, raisonnable et attachée
au pays, a pu s'apercevoir qu'en prêtant la
main à cette entreprise, le clergé allait se trouver lui-même la dupe des jésuites et des ultra-
montains.

Les fonctionnaires publics ont senti assez gé-
néralement que leur existence et leurs places
pouvaient se trouver compromises par tant de
projets subversifs et arbitraires.

Les étrangers, les jésuites et les ministres
seuls n'étaient pas désappointés : ils voulaient
tous, d'un commun accord, arriver à la monarchie absolue; les étrangers, pour nous affaiblir
et ralentir le mouvement de liberté qu'ils craignent de voir passer chez eux ; les jésuites, pour
gouverner à la fois l'église, l'état et le prince ;
les ministres, par l'instinct borné du pouvoir et
le désir de se maintenir en place.

Enfin la faction n'a point organisé le gouvernement sur des bases plus monarchiques; elle
n'a recréé ni clergé ni noblesse politiques; elle
n'a point donné à la royauté les appuis dont elle

supposait l'absolue nécessité; elle a troublé, interverti, violé l'ordre existant sans en refaire un autre; elle a soustrait au gouvernement royal les appuis nationaux, sans les remplacer par d'autres forces; et ce gouvernement ne pouvant s'appuyer, ni sur une aristocratie sans puissance, ni sur une démocratie neutralisée, est tombé sous la direction du seul pouvoir organisé, celui des prêtres et des jésuites.

Ces tentatives, loin donc de consolider le trône et la monarchie, ont compromis tout à la fois la royauté, la noblesse et la nation. Les vrais amis de la royauté ont refusé de la soumettre à la suprématie de la tiare. Les esprits les plus opposés aux institutions démocratiques données par la Charte, les ont acceptées comme l'unique moyen de salut; tous les gens de bien se sont rapprochés et entendus; les colléges électoraux ont légalement protesté contre la marche politique suivie depuis six ans; et la démocratie (cette démocratie considérée comme l'ennemie de la monarchie, et comme une puissance si facile à détruire en France), est venue seule, au moyen de ceux de ses éléments que la loi a régularisés et mis en action, sauver l'état et le gouvernement d'un éminent péril, au moment même où l'on reniait ses droits, son utilité et sa force.

CHAPITRE IV.

Nécessité de remplacer l'ancienne aristocratie par les notabilités politiques que la démocratie renferme.

———

Nous croyons avoir établi dans les précédents chapitres que les efforts qu'on a faits, et qu'on fera peut-être encore pour revenir à l'état social et à la monarchie de l'ancien régime, sont aussi impuissants que dangereux, et qu'il serait sage, en se tenant à la situation où l'on est, de chercher dans cette situation même les appuis intermédiaires de la monarchie.

Cette démocratie générale qui embrasse maintenant toute la nation, sauf la royauté et la pairie, ne repose pas cependant sur un principe exclusif de toute subordination et de toute hiérarchie. Ce n'est pas l'égalité mathématique, mais l'égalité naturelle, qui en est le principe. Nous sommes ardents tout à la fois et pour l'égalité et pour les distinctions; notre vanité est un Protée qui explique ce mystère; nous ne pouvons pas souffrir de supérieurs, et nous

3

cherchons sans cesse à devenir les supérieurs
de nos égaux : d'où il résulte que nous ne
sommes bons ni pour la république, ni pour
la monarchie de l'ancien régime ; et l'on se
trompe également quand on compte sur notre
amour de l'égalité pour établir un gouvernement républicain, et sur notre amour des distinctions pour recréer des ordres et des classes
privilégiés.

L'égalité naturelle admet nécessairement des
supériorités parmi les hommes ; car la nature ne
nous a pas doués d'une égale portion de force,
d'intelligence, de vertus, de passions et de volonté ; l'amour de l'égalité qui nous domine n'ex-
clut donc pas l'établissement parmi nous de
certaines supériorités sociales ; il exige seulement
que nous puissions tous parvenir à ces supériorités par des voies naturelles et accessibles
à tous les citoyens. Ce que nos mœurs ne sau-
raient tolérer, c'est qu'il y ait des supériorités
factices, attribuées par privilége à des hommes
qui sans cela n'auraient pu les obtenir ; nous
voulons toujours pouvoir nous considérer comme
les égaux de nos supérieurs, et avoir le droit de
nous élever à leur niveau par nos propres efforts.

Or, quelles sont les causes naturelles des supériorités sociales ? le caractère, l'intelligence, la
richesse et l'illustration. La puissance du carac-

tère d'un homme lui subordonnera toujours ses
semblables; c'est par la vigueur des résolutions,
la persévérance dans les entreprises, la constance
des maximes, la fermeté de volonté, qu'un
homme, en faisant preuve des vertus qui man-
quent à la foule des hommes, parvient à se créer
sur elle une grande autorité. L'intelligence est
aussi une puissance, et les hommes d'esprit et
de talent s'élèvent au-dessus des autres par leur
utilité et le besoin qu'on a d'eux dans toutes les
affaires. La richesse donne tant de moyens d'influence et de considération, que l'homme qui
en fait un bon usage doit nécessairement acquérir une grande clientèle; ceux qui paient le
travail sont évidemment placés au-dessus de
ceux qui l'exécutent. Reste l'illustration : les
hommes qui, de génération en génération, se
sont distingués par leur caractère, leurs belles et
utiles actions, leurs talents, le bon emploi de leur
fortune, laissent après eux un préjugé favorable
à leurs successeurs; les enfants de ceux qui ont
rendu d'éminents services publics, seront toujours accueillis dans le sein des supériorités sociales; il y aura toujours une sorte d'empresse-
ment à les placer au-dessus des autres hommes;
l'illustration des grands noms compose une partie
de la gloire et de la dignité nationales; les peuples prennent plaisir à les voir se perpétuer, et

3.

à les adopter comme faisant partie de leur propre renommée. Les peuples ont aussi leur vanité et leur orgueil, et il faut convenir que s'il n'en est pas de plus amoureux de l'égalité que le peuple français, il n'en est pas aussi de plus amoureux des noms illustres, et de plus disposé à les honorer, quand ceux qui les portent en soutiennent l'éclat par de nouveaux services.

Ainsi, bien que tous les citoyens en France soient égaux devant les lois, le caractère, les talents, la fortune, l'illustration, forment dans le sein même de l'égalité générale des distinctions aristocratiques et une notabilité nationale, maintenant la seule aristocratie politique réelle; car il n'y a plus que les grandes vertus, la science, la richesse et de belles actions qui soient des pouvoirs. Tout à la fois stable et mobile, la notabilité nationale formée sur de tels éléments peut devenir en même temps le but et la digue de l'activité et de l'ambition de la démocratie, et un véritable corps intermédiaire entre le peuple et la royauté.

Mais pour que cette aristocratie nouvelle puisse s'établir et remplir son double office, tant par rapport à la démocratie, que par rapport à la royauté, il faut au préalable renoncer au projet de replacer le pouvoir politique dans le clergé et l'ancienne noblesse, et de recréer des droits selon les priviléges des corps, des rangs et de la naissance. Cette lutte imprudente des débris des anciens corps privilégiés tendant à se reconstituer, contre les nouvelles forces politiques demandant à être régularisées, laisse en définitive la monarchie dépourvue de tout appui intermédiaire; d'où résultent ces continuels retours vers le pouvoir absolu et vers des révolutions nouvelles.

Mais le clergé ne verra-t-il pas toujours avec répugnance des changements politiques qui menacent de le restreindre aux choses purement spirituelles? Lui qui pendant trois cents ans a donné des premiers ministres à l'ancienne monarchie, pourra-t-il consentir à renoncer à la puissance temporelle et à s'accommoder des seuls soins de la piété et de la religion? Nous voudrions pouvoir persuader à ce grand nombre de vertueux prélats et de pieux pasteurs dont s'honore l'église catholique, que les temps sont changés, que le clergé n'ayant plus le privilége exclusif des lumières, les affaires publiques n'exigent plus son intervention; qu'enfin, comme les prêtres catholiques dépendent pour le spirituel d'un souverain étranger, ils ne peuvent, sans danger pour l'état, être revêtus d'aucune fonction temporelle. Nous voudrions pouvoir les convaincre que la

liberté est la sœur de la religion, et qu'il importe au bien de la religion catholique comme au
salut du royaume, que les prêtres n'en puissent
pas être considérés comme les antagonistes. Le
pouvoir ecclésiastique a ses limites comme les
autres pouvoirs; il faut qu'il ne puisse pas les
franchir pour envahir le gouvernement; il faut
que le pouvoir judiciaire (les cours royales)
soit investi du droit de réprimer ses empiète-
ments. Sans une loi forte et précise sur ce point,
l'état sera sans cesse exposé à tomber sous l'autorité des prêtres, et jamais la France nouvelle
ne pourra jouir de ses libertés. Nous renvoyons
nos lecteurs aux lumineux écrits de M. le comte
de Montlosier.

Quant à l'ancienne noblesse, elle ne peut continuer à suivre la routine des anciens préjugés
et des vieilles prétentions, sans nuire au bien
public et à elle-même. Elle n'a, sauf ses titres et
ses armoiries, ni droits, ni priviléges particuliers;
elle renferme en outre dans ses mœurs ce principe d'égalité qui est l'ame de la société nouvelle.
Comment avec ce principe peut-elle encore es-
pérer de former dans la nation une classe à part
chargée de gouverner exclusivement l'état? Tous
les essais qu'elle a tentés n'ont-ils pas tourné au
profit du clergé et des jésuites? Comme classe à
part, ne se sent-elle pas continuellement exposée à

être l'instrument du pouvoir despotique des ministres ou du pouvoir théocratique du sacerdoce ?
Il serait donc de son intérêt de reconnaître franchement qu'elle ne peut plus s'organiser en corps politique pour servir seule d'intermédiaire et d'appui
à la monarchie ; elle devrait renoncer à ces chimères
vaines et dangereuses, pour entrer dans des réa-
lités positives et profitables. La nation lui ouvre
depuis long-temps son sein ; que la noblesse s'y
jette sans réserve ; qu'elle fasse cesser une division qui enfante depuis tant de siècles tous ces
troubles et les maux du pays ; qu'elle soutienne
avec la nation des intérêts communs de liberté
et de gloire. L'illustration de l'ancienne et de la
nouvelle noblesse est nécessaire à la France ; il
faut que cette illustration ait une grande place
dans l'état ; tout système social qui tendrait à l'effacer serait impraticable ; tout système raisonnable doit en respecter l'existence et le pouvoir.
Que les nobles consentent donc à prendre place
dans la notabilité nationale ; la richesse, l'illustration et les talents leur promettent d'y reparaître aux premiers rangs. Qu'ils immolent des prétentions surannées, afin de renaître et refleurir
dans une existence nouvelle ; qu'ils conservent
leurs titres et leurs armoiries, ce sont pour un
grand nombre des souvenirs d'honneur et de
gloire ; mais qu'ils deviennent avant tout citoyens,

et qu'ils n'ambitionnent plus d'autres droits et d'autres prérogatives que ceux qui, d'après les lois, appartiennent à ce titre.

Cette fusion une fois opérée, il ne s'agirait plus que d'établir la hiérarchie des droits et des devoirs des citoyens, et de chercher dans cette hiérarchie même les notabilités nationales.

———

CHAPITRE V.

État des droits et des devoirs politiques des citoyens avant la promulgation de la Charte constitutionnelle.

Les citoyens, c'est-à-dire les Français jouissant des droits politiques, sont les éléments de la monarchie constitutionnelle, comme les seigneurs feudataires, vassaux et arrière-vassaux, l'ont été de la féodalité, comme les gentilshommes l'ont été de la monarchie de l'ancien régime. Les droits et les devoirs politiques sont ceux qui admettent et obligent les citoyens à prendre part, comme commettants, mandataires ou fonctionnaires, à la législation et aux affaires de l'état et des localités.

Le droit de prendre part aux affaires locales et d'élire les magistrats municipaux date de la formation des communes. L'élection se faisait tantôt par tous les habitants du lieu, tantôt par tous les possesseurs de maisons, tantôt par les notables habitants ou par les corporations de métiers, selon les usages et les coutumes des diverses provinces. Dans les villages, les habitants étaient convoqués au son de la cloche pour élire leur maire ou syndic, avec l'approbation du seigneur haut-justicier ; dans les villes, le peuple ne présentait que des candidats, parmi lesquels le roi nommait les maires. Les conseillers et autres magistrats des communes étaient nommés par le peuple, sans avoir besoin d'aucune sanction royale. Il y avait, dans les institutions du moyen âge, une sagesse et un esprit de liberté qu'il serait bon de faire revivre. Louis XIV en étouffa les germes. En 1692, furent créées les charges vénales des *maires perpétuels à titre d'office.* Le droit d'élection fut rendu aux habitants en 1765, et supprimé de nouveau en 1771.

L'assemblée nationale établit un système complet sur les droits et les devoirs politiques des citoyens. Pour être *citoyen actif*, il fallut alors être Français ou devenu Français ; être majeur de vingt-cinq ans accomplis, et domicilié de fait dans un canton depuis un an ; payer une contribution directe de la valeur locale de trois journées de travail ; n'être ni en état de domesticité, ni en état d'accusation, ni sous le poids de certaines condamnations judiciaires, ni naturalisé en pays étranger ; se trouver compris *sur le tableau civique* des citoyens du canton, dressé par l'assemblée primaire, et avoir prêté le serment civique, « *de maintenir de tout son* « *pouvoir la constitution du royaume*, d'être « fidèle à la nation, à la loi et au roi, et de rem- « plir avec zèle et courage les fonctions civiles « et politiques qui lui seraient confiées. »

Les citoyens actifs purent concourir à l'é- lection des membres du corps municipal et du conseil-général de leur commune; choisir les pré- sidents, secrétaires et scrutateurs de leurs as- semblées communales; et être éligibles aux fonc- tions municipales, pourvu qu'aux qualités de citoyens actifs ils réunissent la condition de payer une contribution directe de dix journées de travail. Ils eurent en outre le droit de prendre au greffe communication des comptes et des délibérations du corps municipal; de dénoncer à l'administration supérieure les actes dont ils auraient à se plaindre; de se réunir paisiblement et sans armes en assemblées particulières pour rédiger des adresses ou pétitions au corps mu- nicipal, aux administrations supérieures, au corps législatif et au roi.

Les citoyens actifs de chaque canton formè- rent des assemblées primaires. Ils eurent le droit d'élire leur président et leur bureau, le juge de paix du canton, et autant d'électeurs que de centaines de citoyens, présents ou non présents à l'assemblée, pour composer les assemblées de district et de département.

Dans les assemblées de district, les citoyens-électeurs choisirent les douze membres qui devaient composer l'administration du district; dans celles de département, les trente-six membres qui devaient composer l'administration de département, et, de plus, les représentants du département à l'assemblée législative. Pour être éligible à l'assemblée législative, il fallut payer une contribution directe équivalente à un marc d'argent, et posséder une propriété foncière quelconque.

Les citoyens eurent aussi à élire dans chacune de ces assemblées le procureur-syndic de chaque administration de commune, de district et de département; enfin, les assemblées des électeurs du district eurent encore le droit d'élire les juges de première instance et d'appel du département (1).

Sous la république, en 1793, il fut donné encore plus d'extension à la puissance collective

_____

(1) Lois des 14 et 28 décembre 1789, du mois de janvier 1790, du 24 août 1790. Recueil des lois et actes du gouvernement, t. I.

des citoyens; cette puissance se changea en souveraineté, et la souveraineté du peuple fut placée dans les assemblées primaires, formées des citoyens actifs domiciliés depuis six mois dans le canton. Les assemblées primaires eurent le droit de se réunir, sur l'appel seulement de cinquante de leurs membres, et de délibérer à la moitié des suffrages plus un du complet des votants; d'accepter ou de rejeter les projets de loi du corps législatif, et d'exercer ainsi sur ces actes la sanction souveraine. Les assemblées électorales de district et de département continuèrent à nommer les membres des administrations locales, et, de plus, ceux des tribunaux, du conseil exécutif du gouvernement et des commissions nationales.

La constitution du directoire exécutif de 1795 maintint à l'universalité des citoyens réunis dans les assemblées primaires l'exercice de la souveraineté du peuple. Elle supprima les administrations de district; elle créa dans chaque canton communal une administration centrale composée des agents municipaux de toutes les communes du canton, et présidée par un citoyen élu par l'assemblée primaire. Les assemblées primaires continuèrent à élire les membres des assemblées électorales de district et de département, le juge de paix et ses assesseurs;

elles eurent le droit de s'assembler annuellement ou extraordinairement pour adopter ou
rejeter les changements jugés nécessaires à la
constitution. Les assemblées de district et de
département élurent, dans des sessions qui ne
pouvaient pas dépasser le délai de dix jours, les
membres des directoires de district et de département, des tribunaux civils et criminels, du
haut jury, du tribunal de cassation et du corps
législatif. Les procureurs-syndics, élus par les
citoyens, furent remplacés par des commissaires
du directoire (1).

La constitution consulaire vint, en 1799, ren-
verser les systèmes populaires. Les citoyens actifs, au lieu d'élire directement leurs mandataires
dans les fonctions administratives et politiques,
n'eurent plus d'autre droit que celui de former
des listes de présentation : *une liste communale*,
formée du dixième des citoyens actifs de l'arrondissement communal; *une liste départementale*,
formée du dixième des citoyens portés sur les
listes communales; *une liste nationale*, formée
également du dixième des citoyens composant la
liste départementale. Le premier consul ou le sénat conservateur nommaient ensuite sur ces listes
les fonctionnaires des arrondissements, des dé-

(1) Constitution du 5 fructidor an III (2 août 1795).

partements et de la république (1). Les directoires électifs de département et d'arrondissement firent place à des préfets et à des sous-préfets, à des conseils de département et d'arrondissement, nommés par le premier consul (2).

Mais Napoléon, élevé à la puissance par le peuple, crut avoir besoin de détruire le pouvoir du peuple pour s'y maintenir; conservant les noms et changeant les choses, il s'attacha à amortir peu à peu à son profit les droits politiques des citoyens, tout en les laissant exister en apparence. Ainsi, en 1802, les assemblées primaires, changées en assemblées de canton, présidées par des citoyens nommés pour cinq années par le premier consul, n'eurent plus que le droit de présenter des candidats pour les places d'officiers municipaux et de juges de paix, et d'élire *à vie* les membres des colléges d'arrondissement et de département. Dans les villes au-dessus de cinq mille ames, les candidats durent être choisis parmi les cent plus imposés. Les membres des colléges d'arrondissement, élus à vie au nombre de cent vingt à deux cents, auxquels le premier consul pouvait agréger dix membres de son choix,

---

(1) Constitution du 22 frimaire an VIII (13 octobre 1799).

(2) Loi du 28 pluviose an VIII.

eurent à présenter des candidats pour le conseil d'arrondissement, le tribunat et le corps législatif. Les membres des colléges électoraux de département, au nombre de deux cents à trois cents nommés à vie, auxquels le premier consul pouvait agréger vingt membres de son choix, eurent à présenter des candidats pour le conseil de département, le corps législatif et le sénat. Les six cents citoyens les plus imposés du département purent seuls être élus membres de ces colléges, et les présidents furent nommés par le chef du gouvernement (1).

A mesure que l'autorité du chef de l'état devenait absolue, les pouvoirs du peuple disparaissaient. On se servit des assemblées primaires pour établir le consulat à vie, on s'en servit encore pour élever l'empire; mais de ce jour elles ne subsistèrent plus que de nom. Sous le régime impérial, les citoyens actifs restèrent sans fonctions. La constitution impériale du 28 floréal an 12 introduisit les membres de la Légion-d'Honneur dans les colléges d'arrondissement, et les officiers dans ceux de département. L'empereur ou ses préfets nommèrent les membres des conseils municipaux, d'arrondissement et de dépar-

---

(1) Sénatus-consulte du 16 thermidor an X.

tement, sur des listes des plus imposés; les maires, adjoints et juges de paix, selon leur bon plaisir. Les assemblées de communes et de cantons furent oubliées ; les colléges d'arrondissement et de département, amortis par des élections à vie, n'eurent plus à élire que des candidats au corps législatif et au sénat. Il n'y eut plus en réalité ni droit d'élire, ni fonctions électives ; et après avoir senti l'inconvénient d'admettre le peuple trop avant dans les affaires publiques, on tomba dans l'inconvénient non moins grave de ne lui laisser prendre part à rien.

C'est dans cet état que la restauration a trouvé les droits politiques des citoyens. La charte a rendu l'exercice de ces droits à un certain nombre ; elle a attribué aux citoyens payant 3oo fr. d'impôt direct le droit d'élire, et aux citoyens payant 1ooo fr. le droit d'être élus à la chambre des députés des départements, pourvu que les électeurs aient trente ans et les éligibles quarante ans accomplis. Quatre ou cinq millions de citoyens ont continué à être privés de leurs droits politiques ; seulement la charte a dit que les anciennes lois, auxquelles elle ne portait pas atteinte, continueraient à être exécutées. Or, les droits des citoyens n'avaient été suspendus que par un pouvoir arbitraire ; quelque réduits qu'ils eussent été par les lois du régime impérial, ils n'avaient

4

été complètement détruits que par abus : la charte permet et exige même qu'ils soient rétablis dans ce qui ne lui est pas contraire, et c'est ce que nous allons proposer aux chapitres suivants.

CHAPITRE VI.

Des citoyens en général.

———

Nous avons rappelé comment la qualité de citoyen actif avait été définie par les lois de l'assemblée constituante. Mais nous possédons une définition plus récente et qui est encore en vigueur ; c'est celle de la constitution de l'an 8 (1799), que la charte a conservée, de même qu'elle a pris de cette constitution la règle de ne laisser traduire devant les tribunaux un agent de l'administration que d'après l'avis du conseil d'état.

« Tout homme, selon cette constitution, né « et résidant en France, âgé de vingt-un ans ac« complis, inscrit *sur le registre civique* de son ar« rondissement communal et domicilié en France « pendant un an, est citoyen français. » Pour acquérir le domicile ou l'inscription civique, il fallait payer une contribution personnelle ; mais la loi de 1790, en exigeant un impôt équivalent à trois journées de travail, est plus précise, et il faudrait rétablir cette condition.

4.

La qualité de citoyen n'est pas un titre illu-
soire. « Les citoyens français, d'après les lois exis-
« tantes, peuvent seuls donner leurs suffrages
« dans les assemblées politiques, remplir les fonc-
« tions de juré, exercer des fonctions publiques
« et administratives, témoigner dans les actes
« authentiques, jouir du port d'armes et faire
« partie des gardes nationales (1). »

Le service militaire pour la défense du pays doit
être considéré comme un droit autant que comme
un devoir. Nous ne devons pas oublier que les
priviléges politiques de l'ancienne noblesse ont
leur origine dans ce droit ; c'est depuis que tous
les citoyens sont appelés à la défense de la patrie
qu'ils sont tous nobles. « Ceux-là seuls jouissent du
« droit de citoyen actif, dit la loi du 12 décembre
« 1790, qui, réunissant d'ailleurs les conditions
« prescrites, auront pris l'engagement de rétablir
« l'ordre au-dedans, quand ils en sont légalement
« requis, et de s'armer pour la défense de la
« liberté et de la patrie. » Ce devoir est la base
de l'organisation de l'armée et de la garde nationale, sujet qui mérite un travail particulier.

---

(1) Lois des 14 et 28 décembre 1789, et autres lois de l'assemblée constituante jusqu'en 1791. Loi du 25 ventose an XI,
art. 9 et 11, pour les actes authentiques. Articles 281, 282,
289 et 292 du code d'instruction criminelle. Article 40 de la
loi du 25 ventose an XI, pour les fonctions publiques.

La qualité de citoyen français peut s'acquérir, se perdre, ou être suspendue. Nous rappellerons à ce sujet le texte même de nos lois, en même temps que nous indiquerons quelques-unes des améliorations dont nous les croirions susceptibles.

« Un étranger ne peut devenir citoyen français « que lorsqu'après avoir atteint sa vingt-unième « année, et avoir déclaré l'intention de se fixer « en France, il y a résidé pendant dix années con- « sécutives; » c'est le texte de l'article 3 de la constitution de l'an 8. Mais sa naturalisation a, en outre, besoin d'être déclarée et prononcée par lettre de simple naturalité, émanée du roi; c'est le vœu du décret du 17 mars 1809. Il existe encore à ce sujet des dispositions plus récentes.

L'ordonnance royale du 4 juin 1814, a déclaré « que, conformément aux anciennes constitutions « françaises, aucun étranger ne peut siéger, ni dans « la chambre des pairs ni dans la chambre des dé- « putés, à moins d'avoir obtenu du roi pour d'im- « portants services rendus à l'état, des lettres de « grande naturalisation *vérifiées par les deux* « *chambres.* » Cette règle donne lieu à deux remarques importantes.

Faut-il conclure d'abord, de ces deux exceptions, que tout étranger, admis au nombre des citoyens français, par simple lettre de naturalité et conformément à la constitution de l'an 8, a le droit de suffrage dans tous ses degrés et le droit d'être admis à toutes les fonctions publiques, hormis celles de pair et de député? Nous ne le pensons pas, et il y aurait danger que cela pût être. Les anciennes constitutions françaises, et notamment les ordonnances de 1386, 1431 et celle de Blois, rendues pour de graves considérations et sur la demande des états-généraux, ont déclaré *les étrangers incapables de posséder des offices et bénéfices, ni même de remplir aucune fonction publique en France.* N'est-il pas essentiel que les emplois éminents du pays, de même que les fonctions de pair et de député, ne puissent être remplis *que par des hommes dont la naissance garantit l'affection au souverain et aux lois de l'état, et qui aient été élevés dès le berceau dans l'amour de la patrie?* Il faut être né dans le pays pour éprouver ces sentiments d'attachement et de dévouement, qui sont les premières garanties que l'on doit exiger de tous les fonctionnaires. Nous pensons donc que l'ordonnance du 4 juin 1814 devrait recevoir une plus grande extension, et soumettre à l'épreuve des grandes lettres de naturalisation tout étranger qui, devenu Français, serait appelé aux fonctions de ministre, d'ambassadeur, de général, de préfet, et autres fonctions élevées. Les étrangers, naturalisés par simples lettres de naturalité, ne devraient jamais être admis qu'à des fonctions municipales. Le souvenir des Concini, des Mazarin, des Law et de tant d'autres étrangers appelés, pour le malheur de la France, au maniement des affaires publiques, doit conseiller à cet égard la règle la plus sévère et la plus rigoureuse.

Maintenant, nous demanderons ce qu'on entend par ces lettres de grande naturalisation *vérifiées* par les deux chambres? Si c'est une simple forme d'enregistrement, cela ne peut suffire; car, au moyen de la faveur et des intrigues des cours, des étrangers puissants et dangereux peuvent s'introduire au sein de l'état; si ces lettres peuvent être discutées et adoptées par les chambres comme des projets de loi, il nous semble que ce droit et ce devoir devraient être plus positivement exprimés. Nous souhaiterions enfin qu'aucun étranger ne pût être admis, ni dans les chambres, ni dans les grands emplois de l'état, sans être au préalable naturalisé par une loi.

Il ne faudrait pas être moins sévère, et par la même raison, à l'égard des Français qui forment des liaisons et contractent des obligations en pays étrangers, lesquelles sont incompatibles avec les devoirs de citoyen français. Voici à ce sujet le texte de nos lois.

«Tout Français qui aura porté les armes contre

« la France sera puni de mort (1). La qualité de
« citoyen français se perd, par la naturalisation
« en pays étranger, par l'acceptation de fonctions
« ou de pensions offertes par un gouvernement
« étranger (2), par l'établissement en pays étran-
« ger sans esprit de retour (3), par l'acceptation
« du service militaire chez l'étranger ou l'affilia-
« tion à une corporation militaire étrangère, *sans*
« *l'autorisation du roi* (4). » Nous pensons que ces
derniers mots devraient être retranchés de la loi,
que le roi *seul* ne devrait pas avoir la faculté
d'accorder de semblables autorisations, et que,
si on les juge nécessaires, elles ne puissent être
délivrées qu'en vertu d'une loi spéciale pour
chaque individu. La religion du roi peut être sur
ce point facilement surprise ; c'est une affaire de
faveur pour les courtisans, et il en résulte des
abus dangereux pour l'état. Nous avons des pairs
de France qui sont grands d'Espagne, princes
allemands et nobles russes. On trouve, dans le
Bulletin des lois (26 mars 1817), des ordonnances
qui permettent à des Français de prendre des lettres de bourgeoisie en Suisse, sans perdre la qua-

---

(1) Art. 75 du code pénal.
(1) Art. 4, constitution de l'an VIII.
(3) Art. 17 du code civil.
(4) Art. 21, id.

lité de citoyen français, à la charge seulement de ne pas porter les armes contre la France. Nul ne peut cependant bien servir deux patries, nul ne devrait jouir de la qualité de citoyen français et être apte à remplir des fonctions publiques en France, s'il est en même temps ou général prussien, ou baron autrichien, ou noble russe, ou grand d'Espagne, ou cardinal romain, ou bourgeois suisse. Nos lois sur ce point ont besoin d'être rétablies et exécutées ; il y va du salut de l'état.

La condamnation à des peines afflictives et infamantes entraîne, d'après nos codes, la perte de la qualité de citoyen français (1). « Les « peines afflictives et infamantes sont, la mort, « les travaux forcés à perpétuité, la déportation, « les travaux forcés à temps, la réclusion ; les « peines infamantes sont, le carcan, le bannis- « sement, la dégradation civique (2). Quicon- « que aura été condamné à la peine des tra- « vaux forcés à temps, du bannissement, de « la réclusion ou du carcan ne pourra jamais « être juré, ni expert, ni être employé comme « témoin dans les actes, ni déposer en justice « autrement que pour y donner de simples ren- « seignements.... Il sera déchu du droit de port

---

(1) Constitution de l'an VIII.
(2) Art. 7 et 8 du code pénal.

« d'armes et du droit de servir dans les armées
« du royaume (1). La dégradation civique con-
« siste dans la destitution et l'exclusion du con-
« damné de toutes fonctions ou emplois publics,
« et dans la privation de tous les droits énoncés
« en l'article 28, qui est celui précédemment
« cité (2) »

Quant à la simple suspension des droits de
citoyen, elle est la conséquence de l'état de dé-
biteur failli, de domestique à gage, attaché au
service de la personne ou du ménage, d'interdiction judiciaire, d'accusation ou de contu-
mace (3). « Les tribunaux, jugeant correction-
« nellement, peuvent, dans certains cas, inter-
« dire, en tout ou en partie, l'exercice des droits
« civiques... suivants : 1° de vote d'élection ; 2° d'é-
« ligibilité ; 3° d'être appelé ou nommé aux fonc-
« tions de juré, ou autres fonctions publiques,
« ou autres emplois de l'administration, ou
« d'exercer ces fonctions ou emplois ; 4° de port
« d'armes (4).... »

Ainsi la qualité de citoyen est définie dans
nos lois ; elle s'acquiert, se perd, est suspendue

---

(1) Art. 28 du code pénal.
(2) Art. 34, id.
(3) Constitution de l'an VIII.
(4) Art. 42 du code pénal.

selon des règles fixes. Il nous paraît seulement
qu'il serait indispensable de rendre plus complète et plus rigoureuse la législation relative
aux étrangers qui veulent devenir citoyens français, et aux citoyens français qui contractent
des engagements politiques avec des puissances
étrangères.

Mais il est encore un point sur lequel nous
avons besoin d'appeler l'attention du gouvernement. Les citoyens jouissent de certains droits
à l'exclusion de tous autres habitants du royaume ; cependant on ne tient aucune note de
l'état des citoyens, pour connaître exactement
ceux qui doivent réellement jouir de ce droit,
et en exclure ceux qui ne peuvent être admis à
cette jouissance. On tient registre de l'état civil ;
on ne tient nulle part registre de l'état politique.
Le registre civique, prescrit par la constitution
de l'an VIII, n'est ouvert ni dans les communes,
ni dans les cantons, ni dans les arrondissements.
Un décret de 1806 en avait prescrit la tenue
dans chaque arrondissement ; mais l'administration a laissé tomber en désuétude et la constitution de l'an VIII, et le décret de 1806 : la folle
pensée de refaire l'état social a fait mettre à l'é-
cart le registre civique, comme s'il n'était ni
prescrit par la loi, ni nécessaire à l'état politique des citoyens.

L'état politique des citoyens reste, en conséquence, livré à la confusion et à l'arbitraire ; et
tant que le registre civique ne sera pas rouvert
et rempli avec exactitude et régularité, on ne
saura ni s'il y a des citoyens, ni si ceux qui en
exercent les droits en ont vraiment la qualité.
Il est donc urgent que nos anciennes lois soient
remises en vigueur à cet égard : ces registres seront d'autant plus soigneusement tenus, que les
fonctionnaires qui en seront chargés se trouve-
ront à portée des citoyens et des renseignements
relatifs à leur existence. C'est donc aux maires
des communes et à leurs adjoints qu'il est con-
venable d'en confier la tenue. Ils consigneraient
sur ces registres les diverses circonstances qui
font acquérir, perdre ou suspendre la qualité
de citoyen. Les conseils municipaux et les préfets vérifieraient tous les ans si les registres civiques sont tenus avec ponctualité.

Les citoyens compris sur ce registre pourraient seuls faire partie de la garde nationale,
donner leurs suffrages dans les assemblées politiques, être admis à exercer des fonctions publiques, et être nommés à des emplois de l'é-
tat ; un certificat d'inscription sur le registre
devrait être la première pièce exigée de tous les
fonctionnaires publics. Nous ne doutons nullement que l'établissement des registres civiques

ne fît connaître des abus nombreux et ne dévoilât
l'introduction, dans les diverses branches de l'administration publique, d'un grand nombre d'é-
trangers et de personnes non jouissant de la qualité de citoyen. Ces registres serviraient ainsi à
purifier l'état de tous les éléments hétérogènes
qui ont pu s'y introduire, et ils formeraient
en même temps la base de l'ordre et de la hiérarchie politique du royaume.

CHAPITRE VII.

Des citoyens dans leurs rapports avec les divisions territoriales et les intérêts locaux des communes et des départements.

UNE société n'est pas seulement un rassemblement de citoyens ; c'est tout à la fois la population et le territoire qu'elle occupe, la réunion des intérêts moraux des personnes, et des intérêts matériels des choses. Les hommes sont plus inséparables des choses que certains philosophes ne l'ont pensé ; rien n'a été moins sage que de les prendre à part et de déduire uniquement leurs droits sociaux de leurs besoins personnels. De cette vue, étendue en apparence, mais bornée en réalité, sont sorties les théories qui ont tout à la fois couronné et isolé les citoyens, fait d'eux des souverains et des esclaves, et enfanté l'anarchie et le despotisme. La société française, échappée à ces deux fléaux, ne peut complétement renaître au bon ordre et à la vraie liberté que lorsque, dans la législation et le gouvernement du pays, on voudra bien prendre les hommes

tels qu'ils sont, inséparablement unis au sol par
la naissance, la propriété, le travail et tous les
besoins de l'existence; et qu'on cherchera à établir leurs droits et leurs devoirs politiques, non
seulement sur leurs droits personnels, mais encore sur leurs rapports matériels et moraux avec
le territoire qu'ils possèdent et la contrée qu'ils
habitent. Il y a danger pour eux et pour l'état
à rester isolés; il n'est plus possible de les grouper
par ordres, par classes et par corporations; il
ne reste donc plus à les grouper que selon les
divisions naturelles du territoire et les intérêts
que ces divisions embrassent.

En effet, les citoyens, quand l'égalité civile et
politique est de droit public, ne peuvent indi-
viduellement exercer dans l'état qu'une faible
puissance; s'ils se rassemblent autour d'un principe, d'un symbole ou d'un homme, leur puissance peut engendrer le désordre; s'ils se réunissent autour des intérêts et des besoins positifs
des localités, cette puissance ayant un but dé-
fini et une action coordonnée à celle de l'état,
ne peut que produire le calme et le bien général, établir des droits et des devoirs qui lient
les citoyens aux localités; les admettre à prendre
part aux affaires de leurs villages, de leurs villes,
de leurs cantons et de leurs départements, ne
sera pas, comme le craignent quelques esprits

ombrageux, rouvrir à la démocratie la route de l'envahissement du pouvoir, mais bien au contraire, resserrer cette démocratie dans les digues qui doivent la contenir, et creuser à ce torrent impétueux le lit profond dans lequel il pourra rouler sans danger pour la monarchie.

C'est à la nature et à la puissance des intérêts locaux qu'il appartient de former les divisions territoriales dans lesquelles ces intérêts agissent et manifestent le besoin d'être satisfaits. L'ordre des intérêts et des localités réglera ensuite la hiérarchie des droits et des devoirs des citoyens.

Des intérêts simples et purement agricoles concourent à la formation des communes rurales. Les habitants des champs ont besoin de demeurer près de la terre qu'ils cultivent, de la fontaine, du ruisseau ou de la route qui leur est commune; leurs travaux les empêchent d'aller chercher trop loin leur église, leur magistrat, leur registre de l'état civil, leur école. Tout ce qui est indispensable à leurs besoins journaliers doit se trouver à leur portée. L'existence des communes rurales est donc une nécessité naturelle. Elle a été consacrée par une longue habitude; on ne peut rien y changer sans danger; elle doit donc être conservée. Seulement il faudrait pouvoir réunir en une seule plusieurs communes, quand les localités, la

nature des propriétés , l'esprit des habitants permettent de les fondre ensemble.

Mais ce que les habitants d'une petite commune
rurale ne possèdent pas dans sa circonscription
bornée, ils vont habituellement le chercher dans
le bourg voisin ; c'est là qu'ils trouvent ordinairement le marché, où ils vendent leurs denrées
et se pourvoient des objets que les champs ne
produisent pas , le juge de paix qui concilie
leurs affaires, le notaire qui rédige leurs actes ,
les capitalistes qui leur avancent des fonds, les
habitants du voisinage avec lesquels ils ont des
affaires à régler ; ce bourg devient ainsi le centre
des besoins reciproques de toutes les communes
qui l'entourent, et forme réellement avec elles
une commune plus étendue dont il est le chef-
lieu et qu'on appelle un canton. C'est à cette
commune cantonnale qu'appartiennent naturel-
lement les affaires générales du canton , chemins vicinaux, cours d'eau, routes cantonnales ,
répartition des impôts et des charges, surveillance
des ordres du gouvernement et de la police judiciaire dans le canton. Nous avons vu les communes constituées sous le directoire ; la division
par canton conservée sous l'empire pour la réunion des assemblées primaires ; et elle subsiste
encore pour la juridiction des juges de paix. Ce
n'est donc point une division factice et nouvelle

que nous proposons; les meilleurs esprits la croient utile et nécessaire (1), et l'expérience la justifie.

Dans les campagnes la vie est simple, le travail assuré et uniforme, l'ordre facile à établir, grace à l'isolement même des hommes et des habitations. Les passions y sont plus rarement excitées par l'oisiveté; la nature même se charge d'enseigner aux habitants des champs des idées justes et des penchants paisibles. Avec peu de bien un homme y est moins exposé à être le jouet de ses passions et de celles d'autrui. Il s'ensuit que, pour y exercer les droits de citoyen, il n'est pas nécessaire de payer un cens considérable. Dans les villes, au contraire, les besoins sont immenses et les moyens restreints ; la concurrence du travail, les chances variables de l'industrie, le rapprochement des populations, l'oisiveté et la paresse, exposent de grandes masses d'hommes peu fortunés à des privations, des inquiétudes, des dépendances dangereuses au repos public; le cens des citoyens doit y être fixé à un taux plus élevé que dans les communes rurales.

Ce sont les masses de population et la nature des intérêts qu'il faut considérer dans chaque

_____

(1) M. de Barante, *de l'Aristocratie et des Communes*.

ville. En général, les intérêts de l'industrie et du commerce y dominent ceux de l'agriculture ; de là cette nécessité de ne pas toujours confondre les intérêts des communes rurales avec ceux d'une ville proprement dite, et d'établir le moins souvent possible qu'une ville considérable soit le chef-lieu d'un canton rural.

Dans les villes, il faut concilier les besoins des propriétaires et des capitalistes avec ceux des prolétaires et des ouvriers, l'existence oisive des riches avec l'existence laborieuse et inquiète des pauvres, les droits de ceux qui possèdent toutes les jouissances de la vie avec les droits de ceux qui n'en connaissent que la fatigue et la misère. Les besoins de chaque ville varient et changent de caractère selon la proportion de ces éléments opposés; plus la population augmente, plus il y a de prolétaires et d'ouvriers, plus les besoins se multiplient et se compliquent; les octrois, les hospices, les colléges, les marchés, les académies, les théâtres, font d'une grande ville une espèce de petit état. Il faut y satisfaire l'activité d'esprit des classes éclairées et opulentes, et y contenir les forces aveugles d'une multitude souffrante et envieuse. On peut donc établir des règles générales pour les villes, les classer dans un certain ordre de population, et varier ces règles pour les villes de cinq mille, vingt mille, trente mille, quarante mille, et cinquante mille ames; mais, pour bien faire, nous croyons que chaque ville, selon l'esprit et l'intérêt qui y dominent, devrait être l'objet de mesures particulières et de quelque modification à l'ordre général.

Nos lois ont établi deux autres divisions territoriales, les arrondissements et les départements; mais ces divisions sont-elles commandées par les besoins des localités? Nous concevons l'existence des départements; il a fallu opérer la révolution du territoire, comme s'était opérée la révolution des mœurs et des lois; on a d'ailleurs observé dans ces divisions le cours des fleuves, la direction et les limites des montagnes, l'origine des races, l'influence des grandes villes, la facilité des communications, et la nature des intérêts communs au territoire départemental; quarante ans d'usage ont rendu maintenant cette division aussi naturelle aux citoyens qu'utile au gouvernement; on est attaché à son département presque autant qu'on l'était autrefois à sa province.

Il n'en est pas de même pour les arrondissements; le temps ne les a nullement consacrés, parce qu'ils sont inutiles. Quels intérêts lient entre elles les communes du même arrondissement? la présence au chef-lieu d'un tribunal civil? mais les procès sont des accidents rares;

les assemblées électorales? mais leurs circon-
scriptions et leur chef-lieu sont différents; l'ex-
pédition des affaires administratives? mais les
arrondissements sont un obstacle bien plus qu'un
moyen d'accélération; et il est peu de préfets qui,
pour des affaires d'urgence, ne se soient adressés
directement aux maires des chefs-lieux de canton et des villes. La suppression des divisions
par arrondissement serait donc une mesure fort
raisonnable.

Mais les citoyens ne se groupent pas seulement
autour des intérêts qui forment les communes
rurales, les cantons, les villes et les départements; ils sont, comme citoyens français, et
comme membres des communes et des départements, intéressés aux affaires générales du
royaume. De tous les temps, les grandes assemblées de l'état ont été le domaine des hommes les
plus éclairés et des plus puissants; elles étaient
le domaine du clergé et de la noblesse quand
ces deux ordres possédaient le monopole des lumières et de la force. Maintenant que la civilisation et les révolutions du gouvernement ont mis
ces deux leviers entre les mains des citoyens, il
faut bien qu'ils prennent part aux affaires de
l'état; c'est un droit qui ne leur est plus contesté
depuis 1789, et que la charte a consacré. Ainsi

cette loi fondamentale a reconnu aux citoyens le droit de concourir à la législation du royaume ; aux uns, en qualité d'électeurs commettants ; aux autres, en qualité de Députés mandataires. Ce droit est en même temps pour eux le plus sacré et le plus grave des devoirs ; car en l'exerçant avec sagesse, exactitude, intelligence et patriotisme, ils ont un moyen certain d'influer sur la direction politique du gouvernement, dans le sens des intérêts généraux du pays.

~~~~~~

CHAPITRE VIII.

Des pouvoirs délibératif et exécutif qui peuvent être confiés aux citoyens dans les communes rurales, les cantons, les villes et les départements.

———

Les citoyens des communes, des cantons, des villes et des départements sont beaucoup trop nombreux pour qu'ils puissent délibérer et agir en masse; il est de toute nécessité qu'ils confient à des mandataires le soin de leurs intérêts communs. Ces intérêts sont propres, et, pour ainsi dire, personnels à chaque localité; les communes, les cantons, les départements, sont, sous ce rapport, autant d'individus distincts, qui ont des propriétés, des affaires, une existence à soutenir et à défendre; qui doivent avoir, par conséquent, la liberté de gérer leurs affaires et de choisir leurs gérants. C'est un principe de droit commun; et c'est violer ce principe, que de leur imposer des mandataires qui ne sont pas de leur choix. Le droit que s'est arrogé l'administration centrale à cet égard, est contraire à toute raison et à toute justice, nuisible aux intérêts locaux comme au bien public ; car, en tenant les communes sous le poids d'une sorte d'interdiction dans leurs affaires privées, on les empêche de se rattacher, par ce premier lien, aux intérêts généraux de l'état. Rendre l'élection des officiers municipaux aux citoyens des communes, ce serait donc rentrer dans les vrais principes, donner à l'opinion publique la satisfaction qui lui est due, et rendre à l'état plus de force et de vigueur.

Mais les officiers municipaux, une fois élus, forment eux-mêmes des corps trop nombreux, pour que les délibérations prises soient exécutées avec à-propos et exactitude. Une grande partie des affaires se trouve d'ailleurs réglée par des lois générales, et n'a besoin que d'être mise à exécution : mais la responsabilité de l'exécution n'est efficace que lorsqu'elle pèse sur une seule personne ; il faut donc que les habitants des communes choisissent, entre leurs officiers municipaux, celui qui sera investi du pouvoir exécutif. Interdire aux citoyens la faculté de procéder, ou de concourir à l'élection de leurs maires, est encore un abus du pouvoir ministériel. Mais, nous nous hâtons de le dire, comme les grands intérêts de l'état viennent se confondre avec les intérêts propres des communes, dans les fonctions

de maire, nous allons voir, par l'examen des
attributions diverses confiées aux corps municipaux, que le principe que nous venons d'exposer doit être modifié par d'autres principes
non moins impérieux.

Quelles sont donc les affaires particulières des
communes? Quels sont les intérêts qui leur sont
propres et personnels, et dont la gestion est
confiée aux corps municipaux?

« Elles ont besoin, dit la loi des 14 et 28 dé-
« cembre 1789, de régir leurs biens et revenus
« communs, de régler et d'acquitter celles des
« dépenses locales qui doivent être payées des de-
« niers communs; de diriger et de faire exécuter
« les travaux publics qui sont à la charge de la
« communauté; d'administrer les établissements
« qui appartiennent à la commune, qui sont en-
« tretenus de ses deniers, ou qui sont particu-
« lièrement destinés à l'usage des citoyens dont
« elle est composée; de faire jouir ses habitants
« d'une bonne police, et, notamment, de la pro-
« preté, de la salubrité, de la sûreté et de la
« tranquillité des rues, lieux et édifices publics;
« de délibérer sur les acquisitions ou aliénations
« d'immeubles, sur les impositions extraordi-
« naires pour dépenses locales, sur les emprunts,
« sur les travaux à entreprendre, sur l'emploi
« du prix des ventes, des remboursements et des

« recouvrements, sur les procès à intenter et à
« soutenir (1), sur la formation de l'état de l'actif
« et du passif de la commune, sur le nombre de
« centimes à percevoir additionnellement pour
« les dépenses de l'année suivante dans les
« limites fixées par la loi, sur les frais des che-
« mins vicinaux, sur les moyens d'accroître les
« revenus ordinaires de la commune (2).» Tout ce
qui tenait à une bonne police, ou aux détails
d'exécution et aux actes de simple régie, était
du ressort du pouvoir exécutif, et composait les
attributions des maires; pour tout le reste, les
maires ne pouvaient rien exécuter qu'en vertu
des délibérations des conseils municipaux, qu'ils
pouvaient convoquer pour les affaires propres
des communes, toutes les fois qu'ils le jugeaient
nécessaire. Dans les affaires graves, les corps
municipaux étaient obligés de délibérer avec un
certain nombre de notables choisis par les citoyens (3).

Les lois consulaires mirent des entraves gê-
nantes dans l'exercice des fonctions municipales.
Les conseils municipaux ne purent s'assembler
pour délibérer qu'une fois par an, pour une

---

(1) Loi des 14 et 28 décembre 1789.
(2) Décret du 14 thermidor an X.
(3) Loi et instruction des 14 et 28 décembre 1789.

session de quinze jours, ou, extraordinairement,
par ordre des préfets. « Ils eurent à entendre et
« à débattre le compte des recettes et dépenses
« municipales rendu par le maire ; à régler le
« partage des affouages, pâtures, récoltes et fruits
« communs ; à régler aussi la répartition des tra-
« vaux nécessaires à l'entretien et aux réparations
« des propriétés à la charge des habitants ; à dé-
« libérer sur les besoins particuliers et locaux
« de la municipalité, sur les emprunts, sur les
« octrois ou contributions en centimes addition-
« nels nécessaires pour subvenir à ces besoins ;
« sur les procès à intenter, ou à soutenir, pour
« la conservation des droits communs (1) ». Ces
lois confondirent à dessein toutes les attributions
des corps municipaux, afin de confisquer le
pouvoir municipal, proprement dit, comme tous
les autres pouvoirs, au profit de l'autorité centrale du gouvernement.

La restauration, sans renoncer franchement
à cet empiétement, et sans rentrer complètement dans les vrais principes, a cependant proclamé quelques améliorations tendantes à un
meilleur régime. Ainsi, toutes les fois qu'il
s'agit d'imposer à la commune des contributions
extraordinaires, ou des sacrifices imprévus, une

_____

(1) Loi du 28 pluviose an **VIII.**

loi du 15 mars 1815 prescrit, pour délibérer, l'adjonction au conseil municipal des plus imposés de la commune, en nombre égal à celui de ses membres. Les budgets des villes ayant moins de 100,000 francs de revenu, les dépenses de construction qui monteraient à moins de 20,000 francs, peuvent être délibérés par les conseils, sans avoir besoin de l'approbation ministérielle. Les délibérations relatives à des acquisitions, aliénations, échanges et baux emphytéotiques, ont toujours besoin d'être autorisées par une loi; celles relatives aux procès à intenter ou à soutenir, aux impositions extraordinaires à percevoir, exigent la sanction d'une ordonnance royale. En général, plus on laissera les corps municipaux libres de délibérer et de décider sur les intérêts propres des communes, et plus on débarrassera le gouvernement de soins inutiles, et on se rapprochera d'un bon système d'administration.

Mais les municipalités ne sont pas seulement chargées de la gestion des seuls intérêts propres des communes. Leur position intermédiaire entre les citoyens et le gouvernement les a fait investir de plusieurs parties d'administration publique. « Les fonctions propres à l'administration géné-« rale, qui peuvent être déléguées aux corps mu-« nicipaux pour les exercer sous l'autorité des

« assemblées administratives, sont : la répartition
« des contributions directes; la perception de ces
« contributions; leur versement dans les caisses
« centrales, la direction immédiate des travaux
« publics; la régie immédiate des établissements
« publics destinés à l'utilité générale; la surveil-
« lance et l'agence nécessaire à la conservation
« des propriétés publiques; l'inspection directe
« des travaux de réparation ou de construction
« des églises, presbytères et autres objets relatifs
« au service du culte religieux (1). » Le gouvernement a besoin de faire exécuter les lois générales dans toutes les parties du territoire; d'obtenir de la propriété les subsides, des habitants
les levées de soldats; de répandre les moyens
de prospérité durant la paix, et de réunir
tous les moyens de défense du pays durant la
guerre: quelle autorité plus persuasive et plus
conciliante pourrait-il employer, si ce n'est celle
que les citoyens ont choisie eux-mêmes?

Mais dans ces sortes d'attributions, les délibérations des conseils municipaux ne doivent plus
avoir l'initiative. Ces délibérations ne peuvent
plus être prises qu'en vertu de l'autorisation de
l'administration supérieure, et dans le but seul
de populariser les actes du gouvernement. C'est

---

(1) Loi des 14 et 28 décembre 1789, art. 51.

au pouvoir exécutif du maire seul que ces attributions générales sont déléguées. « Les corps mu-
« nicipaux seront entièrement subordonnés aux
« administrations de département et de districts,
« pour tout ce qui concernera les fonctions qu'ils
« auront à exercer par délégation de l'administra-
« tion générale (1). » Les sous-préfets et les préfets ont remplacé depuis les administrations et di-
rections de département et de district dans cette
autorité sur les communes (2).

Enfin l'administration de la justice a besoin,
comme le gouvernement, de surveiller les délits
et les crimes qui peuvent se commettre sur toute
la surface du royaume, et elle trouve encore dans les
maires des communes des magistrats qui, chargés
par leurs attributions de police municipale de
prévenir ces délits et ces crimes, sont plus aptes
que tous autres à les constater quand ils ont malheureusement été commis. Ainsi, « la police judi-
« ciaire est exercée sous l'autorité des cours royales,
« par les gardes champêtres et gardes forestiers,
« par les commissaires de police, *par les maires*
« *et adjoints de maire*, etc. Les maires et adjoints
« de maire et les commissaires de police reçoi-
« vent également les dénonciations et font les

(1) Loi des 14 et 28 décembre 1789, , art. 55.
(2) Loi du 28 pluviose an VIII.

« actes (de la compétence des procureurs-royaux),
« en se conformant aux mêmes règles (1). »

Ainsi, deux autres pouvoirs bien distincts se
réunissent au pouvoir exécutif municipal, dans
les attributions des maires des communes. Il résulte de là et de tout ce qui précède, que le choix
des officiers municipaux doit être laissé complétement aux assemblées générales des communes,
car ils n'ont d'autres attributions que celles
qui dérivent du pouvoir municipal ; que le choix
des maires doit tenir tout à la fois de l'élection
des citoyens, comme étant chargés du pouvoir
exécutif municipal, et de la nomination du
gouvernement, comme étant délégataires des
pouvoirs administratif et judiciaire.

Les mêmes principes pourraient être appli-
qués aux municipalités cantonnales, dont nous
avons parlé dans le chapitre précédent ; les attributions de ces municipalités nouvelles pourraient se composer, d'une part, des attributions
des sous-préfets et des conseils d'arrondissement ; de l'autre, de toutes les affaires des communes rurales qui pourraient être mieux faites
en communauté. Ainsi, dans le premier cas,
elles seraient chargées de la répartition des contributions directes entre les communes du can-

_____

(1) Art. 9 et 50 du code d'instruction criminelle.

ton, de l'arrêté provisoire des comptes des communes, de l'approbation des budgets, de l'exécution supérieure des mesures administratives; et dans le second cas, elles auraient le soin des chemins vicinaux, les recettes et les dépenses communes, les travaux d'utilité cantonnale, l'amélioration des cours d'eau, la tenue des registres des citoyens du canton, la surveillance de l'exécution des lois générales dans l'intérieur de chaque commune rurale. L'expérience indiquerait enfin au législateur les autres attributions qui pourraient être encore confiées aux municipalités cantonnales.

Mais à mesure que le territoire s'étend, les intérêts locaux s'affaiblissent, et le pouvoir municipal proprement dit diminue et disparaît. Nous doutons que ce pouvoir subsiste réellement au-delà de la circonscription ordinaire des cantons. On n'en voit aucun indice dans les arrondissements de sous-préfecture, et les intérêts départementaux sont tellement mêlés avec ceux de l'état, qu'ils doivent être soumis à d'autres règles. Si le pouvoir départemental existait avec la vigueur que nous voudrions donner au pouvoir municipal, la France ne serait plus qu'une fédération de quatre-vingt-six petits états particuliers, ou plutôt la France serait dissoute. Il

ne faut donc pas appliquer aux départements,
d'une manière absolue, les principes que nous
avons rappelés au sujet des communes. La puissance de l'état doit s'y montrer supérieure à
celle des citoyens et des intérêts locaux; elle
doit y avoir un agent responsable qui ne tienne
son pouvoir que d'elle seule, et qui soit chargé
de surveiller l'exécution des lois dans toute
l'étendue du département. Les préfets seront
donc élus par le roi; ils chercheront le bien
du pays comme s'ils en étaient les véritables
maires, mais ils seront en effet les mandataires
de l'état plus que ceux des citoyens; leur
mission est de concilier les intérêts du royaume
avec les intérêts des départements; cette mission ne saurait être remplie avec succès par des
corps administratifs, comme on a essayé de le
faire en 1789 et en 1795. Quand une longue
expérience des affaires aura enseigné aux citoyens la nécessité de subordonner l'esprit de
localité aux intérêts généraux du royaume, le
gouvernement pourra peut-être choisir avec
avantage les préfets parmi les membres des
conseils-généraux des départements. Mais en
attendant et au début de l'exécution du nouvel
affranchissement des communes, nous croyons
qu'en donnant de la réalité au pouvoir municipal et de l'influence aux citoyens dans les

6

communes, il est prudent de conserver de la force à l'autorité des préfets.

Cette autorité d'ailleurs peut être utilement soumise à un contrôle sans qu'elle en soit affaiblie, ni entravée. Les préfets sont responsables envers les ministres qui leur délèguent leur puissance; mais ils doivent l'être aussi envers les citoyens des départements. C'est devant les conseils de département qu'il conviendrait de faire juger leur administration ; non devant des conseils soumis et complaisants, nommés par eux et présidés pour ainsi dire par eux, mais devant des conseils nommés par les citoyens du département, investis d'un pouvoir délibératif suffisant, et capables de bien juger si les intérêts du département sont sagement alliés aux intérêts de l'état dans l'administration des préfets.

Les lois de 1790, sur l'organisation et les fonctions des assemblées administratives, et de 1795 sur les directoires de département, confondirent dans les mêmes corps les attributions exécutives des préfets et délibératives des conseils, devenues depuis distinctes et séparées. La loi du 28 pluviose an VIII, en créant des préfets à la place des directoires de département, donna aux conseils-généraux les attributions suivantes : dans une session de quinze

jours au plus, ils peuvent « nommer deux de
« leurs membres pour président et pour secré-
« taire ; répartir les contributions directes entre
« les arrondissements ; statuer sur les demandes
« en réduction d'impôt ; déterminer, dans les li-
« mites fixées par la loi, le nombre de centimes
« additionnels dont l'imposition sera demandée
« pour les dépenses du département ; entendre
« le compte annuel rendu par le préfet de l'em-
« ploi des centimes additionnels destinés à ces
« dépenses ; exprimer leur opinion sur l'état et
« les besoins des départements, et l'adresser au
« ministre de l'intérieur (1) : l'allocation des im-
« positions doit toujours être faite conformément
« aux votes des conseils (2). »

Certainement les attributions des conseils-
généraux pourraient être augmentées ; on pourrait les admettre, par voie de commission, à la
surveillance des routes départementales et à d'autres travaux utiles au département ; mais, pour
le premier moment, nous nous bornerons à demander seulement de la liberté et de l'indépendance dans le choix des membres qui composent

---

(1) Loi du 28 pluviose an VIII.
(2) Loi du 31 juillet 1821.

6.

res conseils ; nous voudrions que chaque canton du département y fût représenté par un député, et que ces députés fussent élus librement par l'assemblée des citoyens de chaque canton. Il faudrait aussi supprimer le droit qu'on a donné aux préfets d'assister aux séances du conseil. Le temps ferait le reste.

Notre but, dans cet aperçu rapide, n'est pas d'indiquer toutes les améliorations dont le système d'administration est susceptible, mais seulement de confier l'administration aux mains des citoyens revêtus de la confiance publique et capables, par leurs lumières, d'amener plus tard toutes les améliorations désirables.

Il nous reste une dernière observation. Il est encore une magistrature, celle de juge de paix, où l'élection des citoyens nous paraît devoir précéder et éclairer la nomination du gouvernement. Le juge, qui a été institué pour concilier plus que pour juger les citoyens, ne doit-il pas être investi officiellement de leur confiance ? Le gouvernement ne sera-t-il pas plus sûr de faire un bon choix, quand il devra prononcer entre des candidats présentés par les citoyens eux-mêmes ?

Nous ferons enfin remarquer que notre système de nomination des maires et des juges de paix respecte la charte, qui veut que le roi nomme à tous les emplois d'administration publique et institue tous les juges (1).

---

(1) Art. 14 et 57.

CHAPITRE IX.

Organisation générale du système électoral dans tous ses degrés, et formation de la hiérarchie des notabilités politiques.

Nous avons rappelé les conditions qui constituent la qualité de citoyen français et la nécessité d'établir cette qualité d'une manière exacte et sûre, les rapports des citoyens avec les divisions territoriales qu'ils habitent, les pouvoirs délibératifs et exécutifs qui pourraient leur être confiés dans les communes, les cantons et les départements : il ne nous reste plus qu'à tracer, selon l'ordre de ces rapports et de ces pouvoirs, la hiérarchie électorale des citoyens, qui sera aussi la hiérarchie des notabilités politiques.

Citoyens des communes rurales. — Admettre à l'exercice des droits de citoyen des communes rurales, tous les habitants jouissant de la qualité de citoyen français inscrit sur le registre civique ; accorder à l'assemblée des citoyens de la commune le droit d'élire tous les cinq ans leurs officiers municipaux au nombre de huit à douze, selon

la population des communes ; restreindre le droit
d'éligibilité aux notables, et former ces notables
du quart des citoyens pris dans l'ordre de la quote
d'impôt direct ; obliger les officiers municipaux à
la résidence ; donner la présidence de l'assemblée
à l'adjoint du maire en fonctions ; prendre pour
scrutateurs les deux plus âgés et les deux plus
imposés des citoyens, et le greffier de la commune
pour secrétaire ; procéder à l'élection en un seul
tour de scrutin et à la pluralité relative, pourvu
que la moitié plus un des citoyens soient présents :
telles nous paraissent les mesures à prendre
dans les communes rurales. Les préfets nomme-
raient les maires et les adjoints parmi les officiers municipaux élus, et ne pourraient dans
aucun cas les prendre ailleurs.

Citoyens des cantons. — Les municipalités cantonnales seraient composées d'un président du
canton, d'un adjoint et d'un conseil municipal
formé de la réunion des maires des communes
rurales du canton, et, en leur absence, de leurs
adjoints.

Les citoyens du canton seraient : 1° les maires,
adjoints et officiers municipaux de toutes les communes du canton ; 2° les citoyens les plus imposés au nombre double de celui des maires,
adjoints et officiers municipaux.

Les citoyens du canton s'assembleraient tous

les cinq ans sous la présidence du juge de paix,
pour procéder à l'élection de quatre candidats
parmi lesquels le préfet serait tenu de nommer
le président et l'adjoint de la municipalité cantonnale; ces candidats seraient obligés de payer
un cens de 3oo francs d'impôt direct et d'être
domiciliés dans le canton (1); l'adjoint devrait
toujours être domicilié au chef-lieu du canton.

Cette même assemblée élirait également pour
cinq ans un député du canton au conseil général
du département. Pour être éligible, il faudrait
être domicilié dans le canton et payer au moins
3oo francs d'impôt direct. Les fonctions de maire
seraient compatibles avec celles de député au
conseil de département.

Enfin, présidée par le chef de la municipalité du canton, cette assemblée élirait, toutes
les fois que le cas l'exigerait, les candidats en
nombre double pour les places de juge de paix
et de suppléants.

L'assemblée de canton aurait pour scrutateurs
les deux plus âgés et les deux plus imposés de
ses membres, pour secrétaire le greffier du juge
de paix ou l'adjoint du président du canton; ses

---

(1) Ce cens pourrait, par exception, être réduit dans les
localités où l'état des fortunes des citoyens le requiert, de même
que se réduit le cens d'éligibilité des députés à la chambre.

opérations pour être valables auraient besoin de la moitié plus un des citoyens aptes à voter ; les candidats seraient élus en un seul tour de scrutin et à la pluralité des suffrages. Le député au conseil général ne serait élu qu'à la majorité absolue de la moitié plus un des membres présents, et, si le premier tour de scrutin était sans résultat, un scrutin de ballottage déciderait de l'élection entre les deux personnes qui auraient obtenu le plus de voix au premier tour.

Citoyens des villes. — On classerait les villes selon leur population pour déterminer le nombre des officiers municipaux, la quote nécessaire aux électeurs, et la quote nécessaire aux éligibles, à peu près ainsi qu'il suit :

Ames.	Maire.	Adjoints.	Conseillers.	Cens électoral.	Éligibles.	
5,000...	1....	2....	15....	20 fr....	100	plus imposés.
20,000...	1....	2....	20....	40......	200	id.
30,000...	1....	3....	30....	60.....	300	id.
40,000...	1....	3....	40....	80.....	400	id.
50,000...	1....	4....	40....100.....	500		id.

Paris aurait douze maires, vingt-quatre adjoints et soixante conseillers municipaux qui, réunis à un nombre proportionnel de députés des cantons ruraux, formeraient le conseil départemental. Il faudrait payer 300 francs pour élire, et 1000 francs pour être élu.

L'assemblée des citoyens des villes serait tenue

tous les cinq ans et présidée par les juges de paix, et en autant de sections qu'il y a de juges de paix, pour élire un nombre d'officiers municipaux égal à celui des maires, adjoints et conseillers déterminés pour chaque ville; le gouvernement nommerait ensuite pour cinq ans, parmi ces officiers, le maire et les adjoints. Ces mêmes assemblées feraient le choix d'autant de députés au conseil général qu'il y a de cantons dans la ville ; ces députés devraient être domiciliés dans la ville et payer au moins 3oo francs d'impôt direct. Ces mêmes assemblées, sous la présidence du maire, éliraient également, lors des vacances, les candidats aux places de juge de paix et de suppléant.

A Paris les assemblées se tiendraient par arrondissement pour nommer dans chaque mairie cinq membres du conseil municipal et pour former les listes doubles des candidats aux fonctions de maire, d'adjoint et de juge de paix.

Quant à l'âge requis pour être électeur dans toutes ces assemblées électorales, nous le laissons fixé à vingt et un ans accomplis, comme la loi le prescrit pour être citoyen actif; mais pour l'âge d'éligibilité aux fonctions municipales et départementales, nous pensons qu'il devrait être fixé à trente ans, comme il l'est déja pour les juges de paix.

Citoyens des départements. — Le système électoral que nous venons d'exposer ferait connaître les hommes éclairés et habiles que renferment les communes et les départements. Chaque canton aurait au conseil du département un représentant de son choix. Les maires des communes, des cantons, et les membres du conseil général, formeraient la notabilité du pays et seraient la pépinière où les électeurs pourraient choisir avec discernement les hommes capables de représenter le département dans la chambre des députés.

Nous retrouvons ici les dispositions déja proclamées par la Charte et par nos lois d'élection; nous retrouvons des citoyens en possession de leurs droits politiques; ceux qui paient 300 fr. d'impôt et sont âgés de trente ans concourent à l'élection de deux cent cinquante-huit députés dans des arrondissements électoraux tracés par la loi; le quart des électeurs, dans l'ordre des plus imposés, prennent part en outre à l'élection de cent soixante et douze députés dans les colléges de département; enfin, ces mêmes électeurs, réunis à d'autres citoyens qui, sans payer les 300 f., offrent des garanties morales précisées par la loi, concourent à la formation des jurys.

Les listes des électeurs et des jurés sont le véritable registre civique des citoyens des départements; il ne s'agit plus que de perfectionner ce registre en le rendant permanent, en faisant les maires responsables de toute omission par laquelle un citoyen de la commune serait privé de ses droits, en autorisant les conseils généraux à examiner annuellement les listes, et à faire leurs observations sur leur exactitude ou leur imperfection.

Une amélioration importante nous paraîtrait possible dans les droits d'élection et d'éligibilité. La Charte a évidemment accordé ces droits en raison de la propriété, et non en raison de l'impôt; elle n'a pris l'impôt pour base que parce qu'il est le signe de la possession. Elle a donc accordé en 1814 le droit d'élire et d'être élu aux citoyens qui possédaient alors des propriétés payant 300 fr. et 1000 fr. d'impôt direct. Mais depuis cette époque, la masse d'impôt direct a considérablement diminué. Au lieu de 329,499,000 fr., cet impôt n'est plus que de 277,408,000 fr. (1); la propriété foncière et industrielle est pourtant restée la même, et un grand nombre de citoyens ont été privés du droit d'élection et d'éligibilité, bien qu'ils possèdent absolument la même propriété que la Charte a exigée en garantie; ceux qui payaient 300 fr. ne paient plus que 251 fr. 50 c.; et

_____

(1) Voir la note A à la fin de l'ouvrage.

ceux qui payaient 1000 fr. ne paient plus que
845 fr. 50 c. Il est évident que si l'on veut se
conformer à l'esprit de la Charte, il faut varier la quote exigible selon la masse de l'impôt,
et fixer dans ce moment cette quote à 250 fr.
environ pour les électeurs, et 850 fr. pour les
éligibles.

Citoyens notables du royaume. — Ne perdons
pas de vue que notre but est de faire sortir les
notabilités nationales du sein de la démocratie,
et de réunir autour du gouvernement tous les
éléments de force que renferme le royaume.
Nous venons de rattacher, par les électeurs des
communes, des cantons et des départements, la
masse entière des citoyens aux électeurs et aux
éligibles déja établis par la Charte; nous avons
marqué, par ce moyen, les divers degrés des
notabilités locales; mais avons-nous fait toutes
les distinctions que la nature des choses demande, et ne nous reste-t-il pas un dernier
groupe à former pour couronner le faîte de
notre hiérarchie politique?

Il existe pour le royaume des notabilités,
comme il en est de propres aux communes, aux
villes, aux cantons et aux départements. Il y
a dans les départements et au centre même de
l'état une masse de citoyens d'élite, qui, par
leurs talents, leur illustration et leur fortune,

par les fonctions qu'ils exercent, ou qu'ils ont
exercées, par la connaissance des intérêts généraux et des grandes affaires, par de longs services et d'éclatantes actions, sont appelés à constituer cette haute notabilité nationale, déposi-
taire des maximes de l'état, et premier appui de
la royauté comme des libertés du pays. Les
uns s'élèvent à ce haut rang par leur industrie,
leurs travaux et par les divers degrés des fonctions électives ; les autres par les diverses carrières
des services publics ; ceux-là arrivent à l'es-
time et à la considération par la confiance de
leurs concitoyens, ceux-ci par la confiance du
prince ; réunis en un seul corps de citoyens, ils
peuvent devenir encore plus utiles au prince et
à la patrie.

Pourquoi ne donnerait-on pas un nom à ce
qui existe dans le fait, et ne reconnaîtrait-on
pas sous le titre de *citoyens notables du royaume,*
tous ces hommes influents par leurs talents,
leur expérience, leurs services, leur fortune et
leur illustration ? Pourquoi ne réunirait-on pas
aux quinze ou vingt mille citoyens qui composent
les grands colléges (1), les maires des villes et
des cantons, les membres des conseils généraux,
les députés des départements, les pairs de France,

---

(1) D'après les tableaux dressés par les préfets en 1820, on

les ministres et ministres d'état, les titulaires des grandes charges de la maison du Roi, les conseillers d'état et maîtres des requêtes, les ambassadeurs et ministres plénipotentiaires, les préfets, les généraux et les colonels, les amiraux et capitaines de vaisseau, les intendants, les présidents et conseillers des cours royale et de cassation, les membres de l'Institut et des académies?

Les citoyens notables du royaume présenteraient une masse de vingt ou vingt-cinq mille individus les plus considérés et les plus puissants de l'état; c'était à-peu-près à ce nombre que s'é-

---

comptait plus de 16,892 électeurs payant 1000 fr. et au-dessus; savoir :

10,954 payant de 1,000 à 1,500 fr.
 2,617 id.   de 1,500 à 2,000
 1,410 id.   de 2,000 à 2,500
   827 id.   de 2,500 à 3,000
   853 id.   de 3,000 à 3,500
   233 id.   de 4,000 et au-dessus.

Voici, d'après d'autres renseignements de la même époque, comment le nombre des électeurs et des éligibles fut classé :

Électeurs payant 300 fr. et au-dessus............ 90,877
Éligibles âgés de quarante ans et payant 1000 fr. et
au-dessus................................... 16,062

(*Annuaire* de Lesur, p. 115 et 162. 1820.)

levait l'ancienne noblesse privilégiée; ce sont les seuls éléments qui peuvent la remplacer aujourd'hui dans la monarchie. On en pourrait tenir la liste dans chaque préfecture : on n'aurait qu'à ajouter aux noms des membres des colléges de départements, ceux de tous les fonctionnaires que nous venons de désigner. L'alliance des citoyens et des fonctionnaires, que le funeste système du dernier ministère avait rompue, serait un des plus heureux résultats de cette communauté de droits.

Mais ne serait-il pas possible de donner un grand intérêt à la réunion des notables du royaume? Ne pourrait-on pas les charger, sans nuire à la prérogative royale, dans l'intérêt de la prérogative elle-même et avec son consentement, de former une liste de trois cents citoyens les plus considérables, parmi lesquels le Roi nommerait à sa volonté les pairs? Ne pourrait-on pas former dans chaque département une dotation qui serait assignée pour un temps limité, dix ans, par exemple, à un pair de France au choix des citoyens notables du département? Ne pourrait-on pas trouver dans ces mesures une plus grande sûreté pour le bon exercice de la prérogative royale, plus de puissance et de popularité pour la pairie, et un principe d'action fort utile dans le corps des citoyens notables du royaume? Nous livrons ces idées aux méditations des hommes sages qui veulent la stabilité de la monarchie constitutionnelle et le bien de leur pays.

———

CHAPITRE X.

Conclusion. — Alliance de la démocratie et de la royauté dans la monarchie constitutionnelle. — Force et stabilité du gouvernement.

Nous avons établi, au commencement de ces considérations, que la faiblesse et l'instabilité du gouvernement avaient pour cause principale une direction politique contraire au véritable état de la France. Le gouvernement marche dans un sens, et la nation dans un autre; il cherche des appuis dans les débris de l'ancienne monarchie et du régime impérial; la France ne lui offre que de l'égalité et de la démocratie. Ce n'est donc plus dans les éléments surannés de l'aristocratie ancienne, mais dans les éléments jeunes et vigoureux de la démocratie nouvelle, que le gouvernement monarchique constitutionnel doit trouver ses forces.

Mais cette démocratie, si gênante pour certains hommes d'état, est-ce l'insouciance des gouvernants, la licence des esprits, la violence d'une

sanglante révolution, qui l'ont introduite et ré-
pandue dans tout le royaume? Non; c'est la
monarchie absolue elle-même qui l'a faite, qui
l'a préparée pendant deux cents ans, en abo-
lissant tous les droits et tous les corps politiques, et en passant le niveau du pouvoir absolu sur les grands comme sur les petits. Elle est
née en même temps que la royauté souveraine;
elle existait dans les mœurs de la noblesse comme
dans les mœurs du tiers-état; elle était dans les
habitudes avant d'avoir été développée par la
philosophie et les lumières. Le temps est arrivé
où il a fallu constater son existence; la révolution de 1789 l'a trouvée établie, et cette révolution n'a pu faire autrement que d'écrire dans
les lois civiles et politiques ce qui était dans les
faits et dans les mœurs.

Cependant ce grand fait, aussi visible et aussi
éclatant que le soleil qui nous éclaire, a rencon-
tré encore des aveugles qui ont refusé de le voir,
des incrédules et des hypocrites qui n'ont voulu
ni le comprendre ni le reconnaître. «La monar-
« chie, ont-ils crié de toutes parts, ne peut sub-
« sister sans les corps intermédiaires de la no-
« blesse et du clergé. Point de noblesse, point de
« monarque; point de monarchie possible avec la
« démocratie! » Alors, sous le faux prétexte de

7.

sauver le trône et la monarchie, tous les anciens
préjugés, tous les intérêts personnels, toutes les
ambitions de corps et de castes, toutes les théo-
craties et les aristocraties étrangères, de se liguer,
de s'agiter et d'agir pour opérer dans la nation
une révolution civile et politique à leur profit :
de là ces funestes essais tentés pendant treize
années, à découvert ou dans l'ombre, pour établir la distinction des rangs, des classes et des
ordres; pour recréer la grande propriété et les
priviléges; pour introduire le droit d'aînesse, les
substitutions et les majorats ; pour arrêter le
progrès des lumières et le developpement de l'industrie, pour ramener l'ignorance et le fanatisme,
et pour refaire enfin, par tous ces moyens, de
l'inégalité, de la servitude et du despotisme à la
place de l'égalité et de la liberté légale que demande l'état de la nation. Mais quelle a été la
fin de tant de soins et d'efforts ? Les colléges
électoraux ont été convoqués dans l'espoir qu'on
les verrait confirmer ce fatal système. Cette attente a été trompée, tous ces efforts sont frappés
de stérilité et d'impuissance ; et la démocratie,
c'est-à-dire la nation, est là, qui demande sans
colère et sans rancune, qu'on la compte enfin
pour quelque chose de réel et d'irrévocable,
qu'on lui accorde la place qu'elle occupe et dont

elle ne peut sortir, et que le gouvernement vienne
enfin puiser dans son sein la force et la stabilité,
qu'il ne peut plus trouver autre part.

La démocratie une fois reconnue pour l'état
nécessaire et naturel de la nation ; ce fait une
fois bien constaté par l'impuissance des tentatives contrerévolutionnaires, par la chute du dernier ministère, et la victoire légale remportée par
les collèges électoraux sur la ligue théocratique
et absolutiste ; la prudence et la saine politique
ne doivent-elles pas imposer au gouvernement
la résolution d'essayer une autre voie, et de chercher à faire sortir de la démocratie ces éléments
d'ordre et de stabilité nécessaires à la monarchie ?
L'esprit d'égalité, nous l'avons déja dit, n'est
ni de l'arithmétique ni de la géométrie ; il admet
les différences que les divers degrés d'intelligence
et de talents introduisent entre les hommes, et
celles de l'illustration et de la fortune, qui en sont
ordinairement les conséquences ; s'il est incompatible avec des priviléges fondés sur la dégradation systématique d'une partie de l'espèce hu-
maine, il reconnaît et respecte les supériorités
sociales qui naissent de causes naturelles et vraies.
Du sein de la démocratie peut donc s'élever une
notabilité nationale capable de remplacer dans la
monarchie l'ancienne aristocratie politique, que
la noblesse titrée ne peut plus former ; mais,

pour créer cette notabilité nouvelle, il faut au préalable renoncer au rétablissement d'une noblesse privilégiée; il faut que les nobles soient avant tout citoyens, et que la hiérarchie des notabilités se forme sur celle des droits et des devoirs assignés à tous par les lois du royaume.

Nous avons donc examiné avec soin dans quel état se trouvent les droits et les devoirs politiques en France, et rappelé les modifications que les diverses révolutions de gouvernement y ont apportées. Cet examen nous a fait voir que 4 ou 5 millions d'hommes, jouissant en France de la qualité de citoyen, ne sont appelés à l'exercice d'aucun des droits que cette qualité comporte; qu'entre la masse des citoyens et les citoyens appelés à concourir à l'élection des députés des départements, il existe un vide immense, une inaction fatale, qui empêche toute notabilité de se prononcer dans les localités, et toute hiérarchie politique de s'établir.

Nous avons cherché à remplir ce vide et à former une chaîne continue de droits et de devoirs politiques entre les citoyens. La qualité de citoyen mieux définie, mieux constatée, nous a paru pouvoir devenir plus honorable et plus précieuse. Les citoyens, dans leurs rapports avec les localités, nous ont paru former, autour des

intérêts et des besoins des localités mêmes, des
groupes, où leur importance et leur utilité trouvent place; nous avons indiqué la nature et
l'étendue des pouvoirs dont ils pouvaient être
investis dans les communes, les cantons, les villes
et les départements; et c'est, enfin, d'après ces
rapports et ces pouvoirs, que nous avons tracé
la hiérarchie naturelle des notabilités politiques;
présenté l'établissement d'un système électoral
complet; appelé, par cette voie, dans chaque
localité, les citoyens les plus éclairés et les plus
illustres, les plus riches et les plus puissants,
à la discussion des affaires publiques et au maniement du pouvoir; faisant ainsi sortir de la
démocratie ces notabilités qui doivent servir
de moyens de gouvernement et d'autorité intermédiaire entre le peuple et le trône.

Nous sommes loin d'avoir embrassé toutes les
parties de cet important système. Nous n'avons
touché qu'en passant ce qui se rapporte à l'administration civile; nous n'avons parlé ni de la
juridiction des conseils de préfecture, ni de
l'organisation de la garde nationale, ni de
l'éducation publique, ni de l'instruction primaire, qui touchent cependant de si près à
notre sujet; car, si l'on rend aux citoyens la faculté de se mêler, dans les localités, des affaires
publiques, il faut multiplier les moyens de les

éclairer et de les instruire, pour que ces affaires
soient traitées avec discernement et sagesse.

Nous avons enfin évité de présenter de vaines
théories, dans un moment où nous sentons un
si pressant besoin de voir adopter des améliorations praticables. Qu'avons-nous demandé?
L'exécution de la Charte et des lois existantes
sur les droits et les devoirs politiques des citoyens. Jusqu'où s'étendent les améliorations
que nous voudrions introduire, que nous croyons
facile d'introduire de suite, pour le bien et la
force même du gouvernement? A l'élection, par
les citoyens, des officiers municipaux et des
membres des conseils-généraux; à la nomination,
par le gouvernement, des maires et des adjoints,
exclusivement parmi les officiers municipaux;
à la nomination des juges de paix choisis parmi
les candidats des cantons; à la suppression des
arrondissements de sous-préfecture; à la formation des communes cantonnales : du reste, les
changements brusques dans le système administratif nous paraissent devoir être évités. Nous
croyons, avec tous les esprits sages, qu'il faut
procéder, même dans les améliorations, avec
lenteur et maturité. Seulement un vœu nous est
échappé, pour l'avenir, c'est de voir l'autorité
royale limiter, elle-même, le nombre des membres de la chambre des pairs, et nommer les

pairs sur une liste de 3 ou 400 candidats élus par les *citoyens notables du royaume*, nouvelle noblesse politique de l'état. Mais l'autorité royale seule peut s'imposer elle-même une limite qui tournerait à l'avantage du trône, autant qu'à celui de la pairie.

Au moyen de ces améliorations, à côté desquelles on pourrait développer toutes les mesures qui s'y rattachent, les supériorités sociales et les notabilités politiques trouvent une voie légale pour se faire jour et s'élever, au-dessus de l'égalité même, sans la troubler; de dominer la démocratie, sans la blesser ni la détruire; les droits et les devoirs résultent des intérêts des localités et des capacités des hommes, et non des priviléges des classes et des personnes; les citoyens en masse forment toujours un seul corps de nation, égale et libre; mais les citoyens, classés entre eux selon les droits d'élection et d'éligibilité, offrent au gouvernement, dans chaque localité, et au centre de l'état, les moyens réels, et puissants, de régir cette vaste démocratie, dans ses parties comme dans sa masse : le nouvel état social se fixe enfin, dans l'ordre politique, comme il est fixé dans l'ordre civil.

La démocratie, dangereuse pour la monarchie tant qu'elle reste abandonnée à elle-même, lui devient utile aussitôt qu'elle est régularisée et circonscrite dans ses limites naturelles. Il n'est plus un seul citoyen qui ne soit alors lié à l'ordre et au bien public; qui ne contribue, selon sa capacité et sa position sociale, à la bonne administration du pays; qui ne soit intéressé au maintien de la prospérité et de la puissance du gouvernement; il n'est aucune force, aucune lumière que la royauté ne puisse tourner au profit de sa puissance légale; d'échelons en échelons, toutes les forces, toutes les capacités sociales, montent et s'assemblent au-dessous d'elle, pour l'aider à satisfaire les intérêts généraux de l'état, à accomplir les destinées du pays, et à réaliser sa mission suprême, et, dans ce cas, vraiment divine. Vingt-cinq mille citoyens, les plus notables du royaume, lui servent de cortége et d'appui, lui font hommage de leurs talents et de leur influence : influence d'autant plus sûre et puissante, qu'elle a sa source dans l'approbation d'une masse de cinq millions d'hommes, et dans les véritables forces politiques de l'état.

Et ce sont de tels résultats que l'on veut empêcher de se réaliser, dont quelques esprits s'effraient, et dont on veut faire peur à la royauté! Et ce sont de tels éléments d'ordre, et une tendance si marquée pour le bien public, qui ont fait accuser la nation d'insubordination, d'immoralité et de révolte!

Quelle est donc l'aristocratie privilégiée qui donne à la royauté plus de secours, de force et de pouvoir réel? Est-ce celle de Russie, avec son immense traînée d'esclaves, esclave elle-même d'un pouvoir autocratique illimité? Est-ce celle d'Autriche? est-ce celle de Prusse? Elles font peser sur les peuples un double joug féodal et militaire. Est-ce celle d'Espagne, qu'écrasent en même temps et le despotisme royal et le républicanisme des moines? Est-ce même celle de l'Angleterre qui, malgré la liberté légale qu'elle a fondée, se débat sourdement contre une masse dispropor- tionnée de prolétaires? Est-ce, enfin, celle qu'on a cherché à refaire en France avec nos vieux débris? Mais, depuis deux cents ans, elle n'a pu servir que d'instrument au pouvoir absolu, et tout récemment encore elle a failli, à son insu et malgré elle, placer le gouvernement de l'état entre les mains des prêtres et d'une théocratie étrangère? ·

La France, la France nouvelle seule, telle que le temps l'a faite, et que la Charte l'a politique- ment constituée, renferme dans son esprit d'éga- lité même, dans l'extrême division des fortunes, dans la masse énorme de ses citoyens, libres et égaux devant la loi, dans les notabilités poli- tiques que ces citoyens peuvent produire, des éléments de force et de conservation toujours

vrais, toujours renouvelés, toujours durables,
toujours capables de soutenir et de défendre le
gouvernement ; phénomène nouveau, dans la
vieille Europe, elle tend à la stabilité par la
mobilité, à la monarchie par l'esprit d'égalité,
au maintien de la royauté par la démocratie ;
alliant ainsi, dans la monarchie constitutionnelle,
la vigueur des républiques à l'unité d'action des
monarchies, les libertés nationales à la puissance
royale, l'amour de la patrie aux vieux sentiments d'honneur.

Du reste, il est aisé de s'apercevoir que les
éléments politiques qui se sont constitués en
France germent et s'étendent dans toute l'Europe : l'esprit d'égalité est une tendance invin-
cible des mœurs du siècle ; tandis qu'il peut préparer chez nos voisins des révolutions plus ou
moins prochaines, il est établi chez nous ; et,
dégagé des troubles passagers qu'il a fait naître,
il ne demande plus qu'à produire l'ordre, la
paix et la puissance, sous le gouvernement que
la Charte a proclamé.

Aussi les gouvernements et les aristocraties de
quelques états de l'Europe, animés du désir de
se soustraire à l'esprit d'égalité, dont les progrès
les inquiètent, et de nous empêcher de tirer de
cet esprit d'égalité, réalisé chez nous, la puissance immense qu'il offre au gouvernement

constitutionnel, ne cessent de faire entendre, au
sein de notre cour et de notre ancienne noblesse,
d'effrayantes clameurs sur les dangers de la démocratie, et sur la nécessité de tourner toutes
les forces du gouvernement contre elle. Ils
montrent comme dangereuse, non-seulement
une nouvelle émancipation des communes ;
mais encore la liberté de notre tribune et celle
de la presse. Mettant, par là, aux prises le
gouvernement et l'esprit national, ils entretien-
nent notre faiblesse et notre dépendance. Que
leur importe des révolutions, dans lesquelles
d'illustres débris pourraient encore périr! N'en
sauraient-ils pas profiter avec habileté?

Mais, cette cour et cette ancienne noblesse
peuvent-elles se laisser aveugler par ces insinua-
tions perfides? Peuvent-elles oublier la froi-
deur et l'indifférence avec lesquelles l'étranger
a, pendant tant d'années, accueilli leur exil?
S'exposeront-elles ainsi à se rendre, à leur insu,
les instruments de l'asservissement du pays, du
péril du trône et de leur propre ruine? Ne
viennent-elles pas de voir la sagesse et la mo-
dération des citoyens se manifester à leurs yeux
par le choix de nos députés? Tous les nobles
qui se montrent, avant tout, citoyens, ne sont-
ils pas accueillis avec honneur par cette démocratie qu'on leur peint comme une ennemie

irréconciliable? Ne formeront-ils pas, enfin, plus de la moitié des citoyens notables du royaume ?

Que cette fusion de l'ancienne et de la nouvelle France s'opère ; que le législateur s'empresse de la favoriser et de l'accomplir par une bonne loi sur l'organisation communale et départementale, sur le complément de notre système électorale, sur la formation de notabilités politiques dans le sein même de la démocratie ; que la monarchie constitutionnelle se pose ainsi sur sa véritable base ; et la France, dégagée de l'esprit de faction qui l'agite encore, toujours régie dans le sens de ses intérêts généraux, par un gouvernement légal, stable et fort, deviendra de plus en plus calme, unie et prospère, et elle se replacera à la tête des états de l'Europe, non plus seulement par la puissance glorieuse mais inconstante des armes, mais par la puissance bienfaisante et durable de la liberté.

FIN.

§ 1. Nos lecteurs feront sans doute de graves réflexions sur la conduite des affaires publiques pendant douze ans de paix, en jetant un coup d'œil sur quelques rapprochements entre les budjets de 1815 et 1828.

	1815 (1)	1828 (2)
Budjets des dépenses, non compris les frais......... fr.	618,000,000	785,199,051 (3) fr.
Dette publique........	100,000,000 (4)	241,357,867 (5)
Ministère de la justice...	20,000,000	19,641,934
Affaires étrangères......	9,500,000	9,000,000
Intérieur, avec les cultes..	85,000,000	127,721,400 (6)
Guerre..............	200,000,000	196,000,000
Marine.............	51,000,000	57,000,000
Finances............	41,000,000	102,477,850 (7)

En résumé, malgré toutes les promesses des ministres, la nation paie, en 1828, 167 millions de plus qu'en 1815. L'Angleterre, qui se trouvait dans une situation financière bien au-

---

(1) Bulletin des lois 39, 1815. — (2) Bulletin des lois 171, 1807. — (3) En ajoutant 137,512,551 de frais de perception d'administration, etc., on aura, pour 1828, le total de 922,711,602 fr. — (4) Non compris les pensions.— (5) Y compris la dotation de 40 millions de la caisse d'amortissement, et non compris les pensions. — (6) Les cultes entrent dans cette somme pour 35,000,000 — (7) Dans cette somme sont compris 58,040,350 fr. pour les pensions, 7,700,000 fr. dette viagère, 2,000,000 chambre des pairs, 800,000 fr. chambre des députés, 3,800,000 fr. légion-d'honneur, etc., etc.

trement critique que la nôtre, a trouvé moyen, pendant ce même laps de temps, de diminuer l'intérêt de sa dette de plus de 100 millions d'intérêt annuel (4,424,000 sterling). Mais en Angleterre, quand il s'agit de questions d'état graves, les ministres ont recours aux lumières des commissions d'enquête. Une commission d'enquête nommée par la chambre des députés avec le consentement de la couronne, peut seule, chez nous, découvrir les vraies causes de cette progression effrayante dans les dépenses, proposer les moyens d'y mettre un terme, et remettre le gouvernement sur la voie des économies.

§. 2. Contributions directes.	1815.	1828.
Contribution foncière.	258,198,000	202,750,549
— personnelle.	40,932,000	35,580,792
Portes et fenêtres.	14,181,000	14,734,414
Patentes.	16,187,000	24,342,604
	329,499,000	277,408,361
Diminution.		52,081,639

Les diminutions ont toutes porté sur les contributions directes, parce que le ministère avait principalement en vue de diminuer le nombre des électeurs.

§. 3. Contributions indirectes.	1825.	1828.
Enregistrement, domaine et bois.	120,000,000	223,016,000
Douanes et sels.	60,000,000	147,920,000
Contributions indirectes. . .	90,000,000	212,250,000
	270,000,000	583,186,000
Augmentation.	313,186,000	

Cette augmentation énorme est due aux bienfaits de la paix,

qui, malgré une administration prodigue et malfaisante, ont considérablement développé les richesses et l'aisance du pays, et doublé par conséquent les impôts basés sur ces richesses. Les fautes des ministres ont été voilées par cette prospérité et ce bien-être général ; mais qu'une guerre éclate en Europe, et l'on s'apercevra bientôt des conséquences de leur imprévoyance. La guerre, cette terrible commission d'enquête, peut subitement demander une augmentation dans les dépenses, et diminuer de plus de 100 millions les produits des impôts indirects, en tarissant les sources de la richesse publique. Que fera-t-on, alors ? on passera de l'imprévoyance aux vains regrets ; on se reprochera d'avoir, en dix ans, dépensé plus d'un milliard en guerre d'Espagne et autres entreprises dangereuses ou inutiles, abusé en temps de paix de tous les ressorts du crédit, et négligé de faire ces précieuses économies qui préparent de sûrs moyens d'éviter, dans les moments de crise, les déficits et le discrédit. Peut-être est-il temps encore de prévenir ces tristes résultats ; mais il n'y faut rien moins qu'un ministère de bonne foi, et que la sagesse, les lumières et le patriotisme des députés de la nouvelle chambre.

FIN DE LA NOTE.

8

TABLE DES CHAPITRES.

FIN DE LA TABLE DES CHAPITRES.